Alain Bruno Franck N'DIONE CHODATON

Un Modus Vivendi Une Manière De Vivre

Alain Bruno Franck N'DIONE CHODATON

Un Modus Vivendi Une Manière De Vivre

Éditions Vie

Imprint
Any brand names and product names mentioned in this book are subject to trademark, brand or patent protection and are trademarks or registered trademarks of their respective holders. The use of brand names, product names, common names, trade names, product descriptions etc. even without a particular marking in this work is in no way to be construed to mean that such names may be regarded as unrestricted in respect of trademark and brand protection legislation and could thus be used by anyone.

Cover image: www.ingimage.com

Publisher:
Éditions Vie
is a trademark of
Dodo Books Indian Ocean Ltd. and OmniScriptum S.R.L publishing group

120 High Road, East Finchley, London, N2 9ED, United Kingdom
Str. Armeneasca 28/1, office 1, Chisinau MD-2012, Republic of Moldova, Europe
Printed at: see last page
ISBN: 978-613-9-59529-7

+

++ Alain Bruno Franck N'DIONE CHODATON ++

\+ +

Un Modus Vivendi

Une Manière De Vivre

Je dédie ce livre à mon père Abel CHODATON et à ma mère Elisabeth Fatou N'Dione. Les deux ne sont plus de ce bas repaire. Ils appartiennent au céleste repaire. Je leur suis reconnaissant. Je le resterai jusqu'à ma mort.

Je dédie ce livre à mes grands parents des deux côtés. Du côté paternel : Benoît CHODATON et Anne Marie ANIAMBOSSOU. Du côté maternel : Alassane N'DIONE et Germaine Thioro FAYE. Je dédie aussi ce livre à tous ceux et à toutes celles qui veulent d'un monde meilleur où la justice divine l'emportera sur l'injustice humaine et où la vérité divine dissipera le mensonge.

Introduction

La connexion à notre propre réalité humaine pourrait bien nous donner la possibilité d'avoir accès à cette zone d'ombre qui fait partie de tout notre être. Car en chacun et en chacune de nous, il existe une sorte d'obscurité dans laquelle nous nous retrouvons difficilement, parce que, parfois, nous sommes privés d'éclairage à ce niveau. Pour ce faire, la lumière nous est indispensable pour que nous allions à l'exploration de cette partie. Le manque de maîtrise de cette zone qui se trouve en nous ne nous permet pas de nous regarder comme nous sommes, de nous juger comme nous sommes, en réalité. La vérité nous fait défaut concernant cette partie de nous-mêmes. Et quand nous ne sommes pas en possession de cette vérité de notre intériorité, nous manquons de réalisme. La descente de notre piédestal nous est salutaire pour aller à la découverte de notre propre être. Pour nous découvrir, nous allons effectuer un voyage à l'intérieur de nous, car il s'agit de notre intériorité. Et même s'il s'agit de cette intériorité qui nous est propre, il serait bon de la parcourir en compagnie de quelqu'un de confiance. Notre vie nous appartient. Et pour son amélioration, l'intervention d'autrui est prépondérante.

Mais il ne s'agit pas de faire intervenir n'importe qui dans notre désir d'améliorer quelque de notre existence. Certains diront que Dieu leur suffit pour que leur désir de s'améliorer soit complet. Il ne faut pas qu'ils oublient que Dieu passe par les hommes pour faire du bien aux hommes. Le livre dont l'intitulé invite à une manière de vivre est une sorte de miroir. Cette manière de vivre n'est pas forcément toujours bonne. D'où il importe de l'améliorer. Cette amélioration est possible sur la base d'un enseignement reçu. Il existe des enseignements qui peuvent changer toute une vie. Ils peuvent aussi nous introduire dans les profondeurs abyssales de notre être. Le livre, qui est écrit, n'est que le fruit d'une grande imagination. C'est aussi le fruit d'une expérience personnelle. Il faut juste regarder avec attention ce qui se passe autour de nous. Il faut aussi tendre l'oreille. Et enfin, il faut être curieux de la bonne curiosité pour apprendre de la vie.

Sommaire

Chapitre I : Notre éducation

Devons-nous commencer par nous poser une question pour savoir ce que signifie l'éducation ?

Passer par une interrogation donne la possibilité de canaliser notre réflexion par rapport à ce qui est fondamental dans la vie d'une société dans la vie d'un pays. L'éducation doit occuper une place primordiale dans une famille. Tout doit partir de là. Cette éducation doit produire des fruits au sein de cette famille où elle a été donnée et reçue. Sa production doit être bénéfique pour la société, la nation, la patrie où elle a été donnée et reçue. Mais il y a une chose qu'il faut clarifier avant d'aller plus loin. L'éducation est comme un mot polyvalent. Il est employé presque dans plusieurs domaines de réflexion, plusieurs groupes d'échange. Il est important qu'on sache de quoi on traite.

S'agit-il d'une éducation au sein de la famille ou de l'école ?

Plusieurs aspects dans ce cas peuvent être pris en compte. Nous n'allons pas nous perdre dans les méandres de la réflexion sur l'éducation. Nous allons juste aborder ce point important de façon générale.

Ce qui revient à dire que tantôt nous allons nous balancer dans le sens de l'éducation au sein d'une famille et tantôt d'une école. Suivant les investigations que nous avons faites sur l'éducation, nous nous sommes trouvés devant une diversité de réflexions. Et la diversité ne signifie pas opposition. La diversité signifie richesse dans la manière de comprendre l'éducation. Avant de passer aux réflexions individuelles et plurielles, disons un mot sur l'étymologie du mot. Le mot latin qui est retenu est **"educatio."** Ce qui veut dire l'action de conduire hors de, d'élever des plantes ou des animaux, d'instruire. Il peut être question d'une éducation générale. Dans ce cas, c'est la mise en œuvre des moyens propres à procurer le développement de l'homme, principalement de ces facultés morales : sentiments, volonté, sens des valeurs. Nous avons ici une définition à la fois étymologique et stricte. Pour enrichir encore notre réflexion sur l'éducation, nous rapportons ce qu'en retient le dictionnaire orthodidacte."

Le mot **éducation** a plusieurs emplois qui tournent autour de la manière dont une personne est formée, construite. Il possède plusieurs petits groupes de synonymes. Quand il désigne le contenu d'un apprentissage que reçoit quelqu'un, le mot éducation a pour synonymes formation, instruction, voire apprentissage. Du point de vue des personnes qui transmettent ce contenu, éducation est proche de pédagogie, de didactique, qui mettent l'accent sur les méthodes d'enseignement. Le mot éducation possède aussi un groupe de synonymes plus ou moins péjoratifs : comme conditionnement, endoctrinement, bourrage de crâne, façonnage, et encore dressage (qui s'applique d'abord aux animaux). Il souligne l'idée que l'éducation peut être subie. Enfin, l'éducation, c'est aussi l'apprentissage de normes sociales. Dans ce sens, éducation est synonyme de bonne éducation, savoir-vivre, politesse, courtoisie, bienséance, civilité, et également de distinction, défense, prévenance, tact. Nous avons beaucoup reçu du dictionnaire orthodidacte. Quelle clarté ! Quel que soit le sujet sur lequel nous devons ou voulons réfléchir, notre premier souci est celui de la clarté des mots. Autrement les choses sont vagues, obscures, confuses, lourdes, imprécises, incompréhensibles, inintelligentes, insondables, nuageuses et incertaines. Les précisions que nous apporte le dictionnaire orthodidacte, nous permettront de nous retrouver à travers les réflexions de quelques personnages connus. Donc, notre réflexion sur l'éducation se poursuit en compagnie de quelques grandes personnalités.

Je commencerai par le grand **Nelson Mandela** :

« L'éducation est l'arme la plus puissante que vous puissiez utiliser pour changer le monde ».

Tupac Shakur dit ceci :

« Je ne dis pas que je vais changer le monde, mais je vous garantis que j'allumerai l'étincelle dans le cerveau qui le changera ».

Passons à **E. Renan**.

Qu'est-ce qu'il nous enseigne ?

Il nous transmet ceci :

« l'instruction se donne en classe, au lycée, à l'école. L'éducation se reçoit dans la maison paternelle ».

Selon Helvétius, une autre personnalité :

"l'éducation peut tout. "

selon l'avant-dernière personnalité nommée

André Gide :

« Éducation, c'est délivrance ».

Nous arrivons à la dernière personnalité,

M barrés.

Retenons ce qu'il a écrit ou dit :

« Aucune éducation" ne transforme un être, elle l'éveille ».

Une des positions par rapport à l'éducation attire notre attention, nous incite à l'analyse des mots employés dans les propos de Nelson Mandela. Les mots sont bien pesés et choisis.

Nous reprenons la citation :

« L'éducation est l'arme la plus puissante que vous puissiez utiliser pour changer le monde ».

Nous concentrons notre attention sur deux mots : arme, changer. Le mot arme est suivi d'un autre mot qui le qualifie. Cela nous ouvre les yeux. Selon nous, il ne s'agit pas d'une arme dangereuse. Mais elle pourrait l'être. Car tout dépendrait des apports émanant de l'éducation. Ce qui revient à dire que tout dépendrait de la programmation basique, moyenne et supérieure de l'éducation. Le changement de contenu dans ce que dit Nelson Mandela fait penser de prime abord à des apports positifs. Du moins, c'est ce qu'on peut souhaiter à toutes les nations du monde où l'éducation est capitale. Nous pouvons aussi nous détromper sur l'opération du changement. En réalité, le changement peut être positif ou négatif. On peut former des personnes qui apportent un plus ou quelque chose d'avantageux, de bénéfique, de salutaire, de fondamental à notre monde, à nos pays, à nos familles. On peut former des personnes qui avec le temps auront des comportements indésirables, malhonnêtes, immoraux et dangereux à l'égard de leurs propres continents, leurs propres pays, leurs propres familles. En définitive, ayons la bonne intention de nous servir de cette arme pour changer le monde de façon optimale. Un petit détail pour finir : les personnes les plus diplômées de nos continents, de nos pays, ne sont pas forcément et toujours les plus sages. Nous n'avons pas besoin de donner des exemples. Il nous suffit de regarder l'évolution de nos continents, pays et sociétés. Chaque personne bien formée doit pouvoir user de son esprit critique pour remarquer ce qui est progression ou régression, bon fonctionnement ou dysfonctionnement de la vie dans les pays d'origine, les pays d'adoption. Nous poursuivons notre réflexion avec les autres penseurs cités.

« Aucune éducation ne transforme un être, elle l'éveille »

Réveille-toi si tu dors. Réveille-toi si tu dormais. L'heure est venue de comprendre ce que tu ne comprends pas d'habitude. L'heure est venue de comprendre ce que tu ne comprenais pas. L'heure est venue de comprendre ce que tu n'avais jamais compris. Tu as été préparé à la maison et à l'école. Regarde maintenant la vie en face. Apprends à donner ton avis. Apprends à poser le pour et le contre avant de te décider. Apprends à choisir la vérité. Apprends à dire la vérité. L'éducation n'a fait que t'ouvrir les yeux. Si elle te les a ouverts, garde-les ainsi. L'éducation n'a fait que t'ouvrir un chemin pour ton bonheur, suis ce chemin. L'éducation n'a fait qu'allumer la lumière au niveau de ton intelligence, tu ne dois pas l'éteindre. Si tu l'éteins, tu pourrais te retrouver dans l'obscurité. L'éducation t'a donné les moyens de te battre par tes paroles et par des actions pour ton avancement dans tel ou tel domaine. Bats-toi aussi toujours par tes mots et tes actes pour ceux et celles qui ne peuvent pas se battre ainsi. Ils sont nombreux dans le monde. Si tu es diplômé, essaie de te trouver du travail. Ça ne sera pas facile. Ce n'est pas en l'attendant au lit les bras croisés et les jambes aussi. L'éducation scolaire t'a permis d'avoir des diplômes ; ce n'est pas elle qui te donnera du travail. Utilise maintenant ton cerveau.

« L'éducation peut tout ».

Le tout a un sens.
Faut-il entendre par là quelque chose de complet, de total, d'intégral ?

Autrement dit, rien ne manque. Essayons surtout de le comprendre dans un contexte bien précis. L'éducation peut tout. Elle peut dans ce sens-là combler chez celui qui en est le bénéficiaire le vide qui pouvait exister avant. Tel homme était plongé dans la nuit de l'ignorance. Aujourd'hui, cet homme se rend compte d'un changement radical qui s'est opéré dans sa vie. Il va même jusqu'à dire qu'il n'est plus le même. L'éducation peut tout dans le sens où elle permet aux gens d'avoir accès à des opportunités inattendues et inespérées. Elle peut tout dans ce sens-là. Le même penseur dit que l'éducation fait de nous ce que nous sommes.

« L'instruction se donne en classe, au lycée, à l'école. L'éducation se reçoit dans la maison paternelle ».

On pourrait croire qu'il y a une invitation à éviter toute confusion entre les deux. Sans doute, on peut les confondre. Mais on a du mal à les limiter dans un contexte où ils ne se croisent pas pour marquer leur différence. Personnellement, je me demande si celui qui enseigne ne fait qu'instruire et non éduquer. Je me demande aussi si celui qui enseigne ne fait qu'éduquer et non instruire. Au stade où nous en sommes, il est beaucoup plus facile de mettre les deux en connexion pour apporter un peu de lumière à notre entendement. Si on cherche les synonymes de deux verbes, on retrouve presque les mêmes verbes équivalents. Éduquer, c'est enseigner. Instruire, c'est enseigner. Éduquer, c'est élever. Instruire, c'est élever. Ce qui est visé dans les deux cas, c'est de transmettre quelque chose de bénéfique, d'authentique, de rassurant à un bénéficiaire pour lui permettre de faire face à la vie. L'avenir d'un individu se prépare par l'éducation et par l'instruction.

«Je ne dis pas que je vais changer le monde, mais je vous garantis que j'allumerai l'étincelle dans le cerveau qui le changera ».

Toi qui éduques des enfants, toi qui les instruis, tu as le rôle de celui qui les forme, les initie, les forge, les dresse, les alphabétise, les guide, les élève. Si tu joues vraiment ton rôle auprès de ce groupe d'enfants, cela voudrait dire que tu as une bonne et belle vision pour ton pays, pour le monde entier. Il est vrai que celui que tu formes aujourd'hui, la vision que tu as, c'est par rapport à ton pays. Mais au-delà de ton pays, ces esprits que tu formes, éclaires, et guides, feront, le moment venu, la fierté de ton pays, de ton continent, de bien d'autres continents.

Chapitre II : Notre apprentissage

Nous nous adressons à tous ceux et à toutes celles qui ont appris quelque chose au niveau de la maison ou de l'école. Ce que nous avons reçu dans une maison ou dans une école, c'est peut-être quelque chose qui est lié à l'éducation ou à l'instruction. S'il s'agit de notre éducation, quelqu'un a dû s'occuper de cela. Et s'il s'agit de l'instruction, quelqu'un d'autre a dû poser des actes bénéfiques à notre égard pour rendre cela possible. Ce que nous constatons en réalité, c'est que par la voie de l'éducation, nous apprenons une chose ou plusieurs venant d'un éducateur. Et par la voie de l'instruction, nous apprenons aussi des choses variées et variables d'un instructeur. Un enseignant disait à un élève ceci :

« Si tu n'es pas éduqué, ce n'est pas à moi de t'éduquer. Il incombe à tes parents de t'éduquer. Moi, je m'occupe juste de ton instruction ».

Le mot **apprentissage** peut être situé dans plusieurs contextes. On ne doit pas le limiter juste qu'à une seule possibilité. On pourrait facilement l'appauvrir en nous focalisant seulement sur l'école. L'école est un canal qui nous conduit à cette possibilité dont nous parlons. La nature de cette possibilité n'est rien d'autre qu'une voie parmi tant d'autres qui donne accès

à des connaissances. Par conséquent, pour le cas de l'école, il faut passer par là, si cela est possible, pour arriver à l'acquisition d'un certain nombre de connaissances.
C'est cela la formation scolaire. Cette formation passe par des étapes, surmontables pour les uns ou insurmontables pour les autres.

Selon cette possibilité, personne ne doute des apports de l'école. Il est bon de valoriser le mot apports qui est au pluriel. Car ce que nous recevons de ce monde scolaire, selon les différentes étapes à franchir, est pluriel. Il est pluriel et il est varié. Chacun essaie de se trouver un chemin qui mène vers une destination, à travers cette pluralité et cette pléthore de connaissances. Mais le plus important, c'est le bon accueil de ces connaissances et la transformation que nous en faisons dans le présent. Ce que nous en ferons dans un futur proche ou lointain sera aussi important. Ne limitons pas notre apprentissage à l'école. Les écoles que nous avons fréquentées, nous ont marqués ou non marqués. Cela dépend de l'expérience de chacun et de chacune à l'intérieur de ces établissements autrefois connus. Des maîtres, des professeurs, en un mot, un corps enseignant fut à la hauteur de nos attentes et de celles de nos parents. Grâce à l'idonéité de nos enseignants, certains d'entre nous sont allés jusqu'au bout de la course. D'autres se sont arrêtés, parce qu'ils voulaient s'arrêter. C'est cela l'abandon volontaire. D'autres ont lâché prise, parce qu'ils se contentaient de peu.

Ceux et celles qui ont été persévérants, moins persévérants, plus persévérants, ont appris quelque chose pendant leur passage, plus long, moins long, plus ou moins long. Ce qui est reçu de l'école peut être utile dans la vie de tous les jours. L'école a semé quelque chose en nous, dans notre vie, nous devons faire tout notre possible pour que ce qui est semé puisse sortir de terre et grandir comme un arbre. C'est à dire, ce qui est semé dans notre existence masculine ou féminine doit exploser dans un domaine ou dans un autre. Nous ne sommes pas tous appelés à devenir des avocats, des prêtres, des professeurs d'université ou de lycée. Nous sommes appelés à mettre en valeur le peu ou le plus reçu de nos écoles. Si l'assimilation est au point, le produit scolaire ne peut être que bénéfique pour la suite de ce que nous allons connaître comme autre réalité dans un futur proche ou lointain. Ce qui revient à dire que rien de notre côté ne doit être négligé pendant que nous nous formons au plus bas niveau selon notre âge. Si le volet éducationnel scolaire fait défaut à certains, la vie au quotidien peut y remédier. Nous songeons plus à ce qui est attribué comme vérité à **Sénèque** :

« C'est la vie qui nous apprend et non l'école ».

Cependant, il faut prendre ce qui est dit avec des pincettes. L'école n'est pas méprisée ni rejetée. Ce que nous pouvons saisir, c'est que l'école nous fait suivre une trajectoire, laquelle croise une autre qu'il faut suivre pour aller vers d'autres horizons. Essayons donc de développer hors du contexte scolaire ce que nous y avons appris. Ce développement se fera dans un autre contexte.

C'est une autre école, nous allons nous y inscrire. Soit nous suivons, soit nous ne suivons pas. Nous avons intérêt à suivre. Pour le maintien des apports scolaires, nous avons la possibilité d'une formation permanente et persévérante qui nous permet d'être tout le temps en éveil. Si l'apprentissage ne vient pas forcément de l'école, elle peut venir autrement. Pensons tout simplement à ceux et celles qui n'ont pas été à l'école. Ils ont eu à se faire un chemin devant mener au succès. Des personnes ont dû accepter leur sort. Mais si nous les comparons à d'autres personnes jadis scolarisées, et aujourd'hui, elles représentent un petit nombre. L'apprentissage est possible, même loin des bancs de l'école. La nature de cet apprentissage est tout autre. Il peut passer quelquefois par la voie de l'autodidaxie.

En somme, nous retenons cette vérité capitale. Apprenons ce qui est apprenable et bénéfique. **Apprenons ce qui est offert pour être appris en vue de l'opération d'un changement radical de notre vie, et dans notre vie. Nous avons la possibilité d'apprendre dans une école. Nous**

avons aussi une autre possibilité d'apprentissage dans le monde où nous vivons. Les deux apprentissages sont richissimes et réalisables.

Chapitre III : Notre croissance

Nous sommes venus au monde tout petits, très fragiles. Et nous avions besoin de protection nécessaire pour notre sécurité. Et la personne qui s'occupait de nous, c'était notre mère biologique. Non seulement, elle prenait soin de nous à l'intérieur d'elle-même, mais également, une fois, à l'extérieur d'elle-même, elle continuait à prendre soin de nous. Une fois que nous nous situons à l'extérieur d'elle, elle va continuer à être mère. En ce sens, elle va nous montrer qu'elle est notre mère. C'est elle qui va nous donner le sein, parce que nous sommes incapables de manger certaines nourritures selon l'âge que nous avons. Elle va consacrer de petits moments pour s'occuper de nous afin de nous donner le sein maternel. C'est beau ! c'est très beau ! C'est elle aussi qui sera témoin de nos premières tentatives de vouloir nous mettre en mouvement, de nous déplacer. Elle surveille nos premiers pas. Et un moment donné de notre vie, nous commençons à marcher avec fermeté. Nous arrivons maintenant à marcher comme tout le monde. Plus d'hésitation. Et c'est une grande joie pour la mère. C'est une grande joie dans toute la famille. Enfants que nous sommes, nous nous mettons maintenant à marcher. Les moments qui commencent de la sortie de l'enfant du sein maternel jusqu'à la possibilité de pouvoir marcher ont été capitaux dans la vie de ce dernier.

Tout s'est réalisé progressivement. Aucune précipitation ! C'est tout un processus. Alors, en parlant de l'enfant, de sa naissance et de ses progrès, nous ne voulons pas nous en tenir là. Nous voulons avancer pour pouvoir développer quelque chose qui touche à la croissance de cet enfant ou de ces enfants. L'enfant ne reste pas au stade de l'enfance. Il est appelé à grandir. Il est appelé à grandir en âge et en intelligence. Plus il grandit, plus on va l'initier aux réalités qui touchent de près la vie des êtres humains. Il apprendra à parler, et petit à petit à parler correctement sa langue maternelle. On lui apprendra à faire la différence entre les mots, mais de façon progressive. Plus cet enfant grandit, on devrait lui apprendre petit à petit à respecter celui et celle qui sont ses premiers parents. On devrait lui apprendre aussi à respecter même ceux et celles qui ne sont pas ses parents directs.

Nous n'avons pas tous grandi dans un milieu familial.

Les uns ont grandi dans un orphelinat ou autre. D'autres dans la maison paternelle. D'autres dans une famille non de sang. Notre croissance, en termes de réalisme, ne peut pas être la même chez tous. Il peut y avoir des similarités dans le mode de croissance. Là, nous écrivons sur le mode de croissance physique sans négliger ou escamoter celle qui est spirituelle. Mais essayons de nous concentrer sur notre croissance humaine. Elle est indispensable qu'elle s'accomplisse dans un cadre favorable et non défavorable. Le milieu qui doit contribuer à l'amélioration et à l'optimisation de cette croissance doit être un souci majeur pour ceux et celles qui sont sur le point d'accueillir une nouvelle vie dans leur propre vie, dans leur propre existence. Cette nouvelle vie qui arrive dans la vie d'une famille change tout normalement. Et s'il n'y a pas de préparation, au préalable, il se passera peut-être quelque chose d'inimaginable, d'insaisissable, d'incompréhensible après l'apparition de cette nouvelle vie. À défaut de préparation, il y aura des conséquences insupportables, pesantes, lourdes pour ceux et celles qui ont eu à accueillir une créature humaine si fragile à l'intérieur de leur foyer. Il arrive de constater que ce foyer devant servir de refuge à la nouvelle vie n'existe pas. Alors, cet être fragile, ignorant tout de tout, n'étant pas en mesure de se mouvoir, de se responsabiliser, de se défendre, de s'auto-affirmer, est fragilisé dès le début de son existence terrestre. Cette fragilisation initiale peut continuer à accompagner la pauvre petite créature humaine selon les autres étapes de sa croissance humaine. Cela fait froid au dos quand nous l'écrivons ou nous en parlons. Remarquons que le foyer dont nous faisons mention peut servir de refuge à un enfant. Il peut aussi lui servir de milieu carcéral. Ce milieu favorable pourrait être défavorable avec le temps à l'enfant et à sa constitution humaine. Il faut vivre au sein des familles pour s'en rendre compte. Il faut ouvrir les yeux pour observer tout ce qui se vit dans les familles humaines. Il faut ouvrir les oreilles grandement pour écouter tout ce qui se dit de désagréable ou d'agréable. Sans ce rapport vital avec les familles humaines, ce serait trop risqué de se prononcer sur cette réalité interne des familles. Il y a des milieux qui favorisent la croissance d'un enfant. Dans ces milieux, l'enfant y grandit en sagesse et en intelligence. Sa croissance physique va se réaliser avec une certaine rationalité de la part de ceux et de celles qui sont là pour cet enfant. L'accueil de la vie ne s'improvise pas. Il se prépare raisonnablement, logiquement, véritablement, consciemment, volontairement et intelligemment. Nous pouvons ajouter à cette liste d'adverbes longs financièrement et amoureusement. En se préparant ainsi, on apporte une certaine assurance à cette nouvelle vie. La sécurisation dépendra de ceux et de celles qui sont à sa proximité.

La vie d'un enfant dans une famille de sang a ses avantages et désavantages. Il ne faut pas se tromper sur la croissance humaine d'un enfant dans sa famille, ou dans une autre. Elle peut être positive ou négative. Tout dépend souvent de l'atmosphère qui règne à cet endroit. Ayons, donc, une pensée particulière à l'égard des enfants masculins ou féminins qui n'ont pas eu la chance de vivre dans une maison qui appartenait à leur père ou à leur mère. Ils n'ont jamais connu et ne connaîtront jamais leur père ni leur mère. C'est une grande tristesse !
Bon nombre d'entre eux ont su se frayer un chemin dans la vie, menant tout droit vers le succès. D'autres sont fragilisés, et parfois même irrécupérables. Quelque chose de vital pour la croissance humaine a été détruit. Le petit qui arrive au monde ne sait rien de rien. Il ne sait pas comment sa vie évoluera

au fil des ans. Il ne panique pas au stade de l'enfance. Une certaine ignorance l'en empêche. Mais le moment viendra ou son ignorance ne sera plus ignorance, mais une connaissance approfondie, plus ou moins, de réalités qui le touchent de près, qui concernent absolument son existence. Il va assister à une certaine détonation de son ignorance d'antan. Plus d'ignorance, mais connaissance. Une petite ou grande connaissance peut changer grandement quelque chose dans la vie de cet enfant.

Le conseil :

Ne jugeons pas si facilement, si gratuitement, la conduite des gens autour de nous, loin de nous sans bien les connaître. Ne nous appuyons pas aisément sur le côté apparent de leur vie pour les juger. Nos jugements portés sur nos semblables ne sont pas toujours clairs. Ils peuvent être sans clarté, sans précision, sans solidité.

Que nous faut-il donc ?

Un jugement subjectif ou objectif sur les personnes que nous rencontrons ?

Soyons prudents et sages.

Chapitre IV : Nos bonheurs

Si vous demandez à des passants ce que signifie être heureux, les réponses que vous attendez peuvent être satisfaisantes ou décevantes. Elles vous satisfont, parce qu'elles vous apportent une satisfaction par rapport à votre attente. Les réponses que vous considérez comme satisfaisantes sont données par un groupe de personnes qui a une perception du bonheur différente. Cela se comprend très bien. Le bonheur d'un homme n'est pas celui de l'autre, son semblable. La nature du bonheur chez l'homme et chez l'autre varie selon l'objet qu'ils cherchent à travers leur désir d'être heureux. La variété des réponses des personnes est une richesse et non une pauvreté. Elle permet de comprendre le niveau de compréhension du bonheur où sont arrivés ceux qui ont donné des réponses. Là encore, nous avons juste un groupe de personnes qui a pu nous satisfaire par les réponses qu'il nous a données. Un autre groupe de personnes peut nous décevoir par les réponses qu'il donne. Au fond, il ne s'agit pas d'une vraie déception. Il s'agit de la perception très simple de ces personnes par rapport au bonheur.

On pourrait trouver le mot bonheur sur les lèvres de plusieurs personnes. On pourrait le trouver dans le cœur de bon nombre de gens malheureux, ou plus ou moins heureux, si on avait le don de cardiognosie. Autrement dit, c'est le don de lire dans les cœurs. Avoir la connaissance de ce qui se passe dans le cœur de l'être humain. Le bonheur est aussi un mot qui se trouve dans cet amalgame de pensées humaines souvent brumeuses ou on essaie de saisir cette réalité quelquefois évanescente et insaisissable. La perception de ce concept et plurielle. La perception pourrait connaître quelques petites nuances. Selon les pages 74 et 75 d'un dictionnaire de la langue philosophique que nous avons eues à lire, nous avons été touchés et dépassés par de nombreuses idées dégagées à partir des opinions de grandes personnalités sur le bonheur. Nous voulons réfléchir sur quelques-unes. Il se peut que nous nous retrouvions dans l'une de ces réflexions recueillies. Il se peut aussi que nous fassions d'une de ces réflexions la nôtre. L'important, c'est de profiter des réflexions d'autrui. Il est important aussi de se créer sa propre réflexion sur le bonheur en essayant de ne pas se tromper sur sa vraie nature. Voyons maintenant avec ces réflexions dont nous parlons. Pour nous amuser un peu, nous pouvons énumérer quelques mots comme synonymes de bonheur. En réalité, ce sont des synonymes qui nous donnent une idée de ce qu'est le bonheur, celui que tout le monde cherche.

Au fond, tout le monde cherche-t-il le même bonheur ?

Cherchons-nous un bonheur commun ?

Ou un bonheur personnel ?

Quelle est la nature de ce bonheur commun, s'il existe ? Et la nature de ce bonheur personnel, s’il existe aussi ? Revenons aux synonymes avant d'entreprendre une tentative de réponses selon les questions que nous avons posées. Les synonymes de bonheur selon le site crisco : aubaine, bénédiction, bienfait, bonne occasion, bonne rencontre, chance, consolation, événement heureux, fortune, satisfaction, septième ciel.

Si nous reprenons chaque mot, et essayons de le comprendre, même sans consulter le dictionnaire, nous saisissons son vrai sens, parce que c’est un mot dont nous faisons usage de temps en temps. Donc, ces mots sont comme nos familiers. Nous avons l'habitude de les employer. Derrière chaque mot se cache un autre mot très connu : la joie.

À travers l'aubaine, il y a la joie. À travers un bienfait, il y a la joie. À travers une bonne occasion, il y a la joie. À travers la fortune, la joie est présente. À travers la consolation, il y a la joie. À travers un événement heureux, il y a la joie.

La joie qui émane des autres mots est souvent durable. Elle peut être passagère. Nous pourrions souligner la prépondérance de la durabilité et de la précarité de cette joie. Ce n'est pas une joie éternelle. C'est une joie que nous pouvons accueillir, recevoir, tout en sachant qu'elle peut durer et non perdurer.

Essayons tout simplement de penser aux antonymes de bonheur. Nous en énumérons quelques-uns pour nous faire comprendre. Les antonymes de bonheur : la malchance, la malédiction, l'infortune, l'insatisfaction, la mauvaise occasion, le malheur, la mauvaise rencontre. Nous faisons remarquer que la vie d'un homme, d’une femme peut basculer du jour au lendemain, d'une année à une autre, d'une semaine à une autre, d'une heure à une autre, dans les profondeurs de la joie ou de la tristesse. Seule l'expérience humaine peut écarquiller nos yeux sur ce que nous voulons ou nous ne voulons pas voir au sujet du bonheur. Ce bonheur que chacun ou chacune recherche est recherché selon les objectifs communs ou personnels. L'important, c’est que chacun ou chacune le définisse sans se tromper. Car, si nous nous trompons dans notre perception du bonheur, nous allons aussi nous tromper sur toute la ligne. D'aucuns vont limiter le bonheur à la possession de biens matériels, voire périssables. Ils vont penser à avoir une maison. Ce qui est normal. Par conséquent, ils vont chercher par tous les moyens à avoir leur maison. S’il s'agit de bons moyens, ils vont jouir d'un bonheur inouï dans leur nouvelle maison, dans la tranquillité, même s'il y a des gens qui vont les jalouser. Ce qui fait peur, c'est quand les moyens sont mauvais. Les gens concernés vont être heureux sans l'ombre d'un doute. Seulement quelque chose les dérangera dans leur vie, les moments venus. Si par exemple, ils avaient volé l'argent d'autrui pour construire une maison. Ils avaient profité d'un bien mal acquis pour se construire un bonheur. Ils ont dû procéder à l'élimination d'un innocent pour se procurer une belle vie, une dolce vita. Ils acceptent, dans ce cas, avec tous ceux et toutes celles qui se cachent derrière le slogan suivant **« Tous les moyens sont bons pour parvenir à ses fins ».** Ce que nous écrivons sur le bonheur est loin de ce qui est écrit dans un manuel de théologie ou de philosophie morale. Il y a tellement d'aspects du bonheur à exposer. Le but ici est juste de toucher quelques-uns. Nous aimons beaucoup les mots durabilité et précarité. En effet, le bonheur peut être durable ou précaire. Il ne faut pas se faire des illusions là-dessus. Il y a des bonheurs personnels ou communs qui durent tant que ceux et celles qui en jouissent durent dans leur existence. Ces bonheurs peuvent disparaître avec la disparition des propriétaires. Il y a des bonheurs personnels ou communs qui durent quelques années, ou moins d'une année. Hélas ! Cela arrive malheureusement. C'est un malheur. Quand nous voyons une jouvence détenant une bonne ou mauvaise expérience de la vie disparaître mystérieusement, après avoir commencé à peine à jouir d'un certain bonheur, nous n'avons pas de mot. Nous laissons le silence nous enseigner. Il parle à notre place. Les bonheurs éphémères obtenus dans la précipitation nous mènent souvent vers notre propre destruction. Il y a un temps indubitablement fait pour la construction de notre bonheur.

Le bonheur est comme un bâtiment. Ce bâtiment existe dans notre pensée, mais ce n'est pas encore construit. La construction de ce bâtiment prend du temps. Cela nous coûte tant d'efforts, d'investissements. Cela en vaut la peine. Car mieux vaut bâtir quelque chose de durable que de précaire. Pour finir, nous affirmons que ce n'est pas

par la tricherie,

par l'envie,

par la mauvaise imitation,

par la mauvaise

fréquentation, par la

rêvasserie,

par la précipitation,

par la vitesse sans contrôle,

que nous allons construire nos bonheurs communs ou personnels, mais par une prise de conscience profonde et sincère de la faisabilité ou de l'infaisabilité, de la réalisabilité ou l'irréalisabilité des choses désirées avec ardeur et passion.

En guise de conclusion, nous voulons partager la perception de Yeshua sur le vrai bonheur. Le vrai bonheur qui comble l'homme avec plénitude n'est pas terrestre, il est plutôt céleste. Gardons-nous donc de vouloir être les seuls au monde à être heureux. Cherchons à être heureux tout en permettant aux autres de chercher à l'être tout comme nous. Un bonheur terrestre bien partagé pourrait donner accès au vrai bonheur.

Chapitre V : Nos succès

Le succès ! Un mot que beaucoup de gens emploient, de nos jours. Il fait partie des conversations entre les humains.

Mais qu'est-ce qu'il faut entendre par succès ?

Une définition du mot permettrait de ne pas le confondre avec d'autres mots. Si on organise un micro-trottoir, la question que nous venons à peine de poser aura tellement de réponses. Et parmi les personnes intéressées par la question, nous aurons certainement eu des réponses de la part de ces dernières. Les personnes non intéressées pourraient bel et bien s'abstenir de répondre. Car, nous avouons que définir de petits mots n'est pas toujours aisé sans consulter le dictionnaire. Le mot est sans doute difficile à définir. Il est manifeste que les réponses vont dans tous les sens. Chacun y répond selon ce qu'il en sait, selon son expérience personnelle. Cela est très intéressant de se trouver avec une seule bonne réponse. Le mot qui pourrait nous revenir à l'esprit en abordant le succès est : la réussite.

Tout le monde sait ce que c'est la réussite. Un mot que nous pouvons appliquer dans plusieurs contextes. Et il reviendrait à dire tout simplement la même chose. **Le succès, c'est la réussite. Mais est-ce que la réussite, c'est le succès ?** Il faut que nous allions beaucoup plus loin dans notre compréhension du mot. Selon quelques contextes, nous usons du mot succès. Réussir à un concours, c'est parvenir à avoir de bons résultats. D'ailleurs même, certains dictionnaires rangent à côté du mot succès : le résultat, l'exploit, le triomphe, la victoire, le bonheur. Le lien est solide entre le succès et les mots qui ont une certaine correspondance avec lui. La réalité, c'est que parler de succès, ou écrire sur le succès, n'est pas si aisé. Il s'agit juste d'un mot qu'il faut rapprocher des autres qui ont une certaine concordance avec lui. Cela lui donne son dynamisme et sa valorisation. Chaque mot est valorisé selon l'usage que nous en faisons. Si nous le dénaturalisons par la manière dont nous l'utilisons, cela voudrait dire que d'une certaine manière sa signification profonde est gravement ignorée. Quelqu'un qui a du succès, c'est quelqu'un qui peut passer sans se faire remarquer. Il peut se faire remarquer s'il le veut lui- même. Il peut être remarqué par ceux et celles qui le connaissent. En somme, il est difficile de garder son succès dans le creux d'un rocher.

Bon nombre de gens qui agissent avec succès se cachent difficilement. De nombreuses personnes qui vont de succès en succès dans la vie de tous les jours n'arrivent pas toujours à échapper au regard des autres. Bref, ce que nous devons retenir du succès est ceci :

Le succès nous donne des ailes.

Le succès nous ouvre des portes hermétiquement fermées autrefois.

Le succès nous attire de la bonne compagnie ou de la mauvaise.

Le succès nous rassure dans notre mental.

Le succès nous rassure aussi dans nos relations avec les autres.

Certains succès sécurisent notre avenir.

Le conseil à retenir. Cherchons le succès avec une grande dignité, une grande honnêteté, une grande sincérité, une grande transparence, une grande patience et une grande foi. Il nous faut poser des actes concrets en vue du succès. Ce que nous gagnons par mérite nous rend dignes et vrais devant nous-mêmes et devant les autres.

Chapitre VI : Nos insuccès

Faisons-nous partie de ceux et celles qui n'ont pas connu des parcours scolaires sans faute ?

Ce n'est pas une évidence de suivre une voie bien tracée pour atteindre un objectif sans ambages. La voie, qui est empruntée, doit nous mener à une destination. Mais hélas ! Ça ne marche pas toujours à la première tentative. Les premiers pas que nous posons ne nous mènent pas très loin. Nous nous arrêtons, chemin faisant, parce qu'il y a un obstacle extérieur et observable devant nous. Nous nous arrêtons, en chemin, parce que l'obstacle est intérieur. Il est en nous. Nous le portons en nous. L'obstacle peut être aussi à l'extérieur. **Quels sont ces obstacles qui sont à l'extérieur ou à l'intérieur de nous et sont à l'origine des insuccès réitérés au cours d'une année ?** Nous pourrions parler des obstacles humains. Des hommes ou des femmes qui nous empêchent de nous réaliser par des stratagèmes bien maîtrisés. Il s'agit de personnes qui font partie de notre entourage. Il s'agit de personnes qui peuvent se présenter à nous avec la peau d'un agneau, alors qu'en vérité, ce sont de vraies destructrices de projets d'avenir. Les autres obstacles viennent de nous. Nous ne nous faisons pas assez confiance. Même si nous ne ressemblons pas à des génies, ce n'est pas une raison de manquer de confiance en nous. Et chaque année qui arrive ne promet rien. C'est de l'insuccès. Nous pouvons donc changer de refrain. Cette fois-ci, si nous tenons à sortir de cette impasse de l'insuccès, ce sera au moins la victoire sur l'insuccès. Ce qui est mauvais, c'est de ne rien faire en cas d'insuccès. Nous ne cherchons pas les raisons de nos échecs. Nous disons souvent que c'est normal que cela nous arrive. Et nous disons aussi que c'est nous qui ne sommes pas chanceux. Avoir une telle perception de l'insuccès n'aide pas au décollage de nos aspirations. Nous avons à donner des ailes à nos aspirations. Si elles sont privées d'ailes, il est possible qu'elles restent là sans lendemain ni surlendemain. Si tout le monde peut connaître l'insuccès, tout le monde peut aussi frôler le succès. Si nous voulons traverser le désert qui existe entre l'insuccès et le succès, il va falloir que nous changions notre mode de penser, notre mode de vivre, notre mode d'agir. Nous pourrions dire que notre système de nous regarder devant l'échec doit aussi changer. Si ce changement proposé s'opère, le miracle suit aussitôt. Nous avons besoin de nous regarder de manière positive. Même si le regard des autres sur nous n'est pas positif, le nôtre doit l'être. Un moment donné de notre vie, nous devons savoir que notre regard sur nous compte plus que celui d'autrui. Nous n'invitons personne au dérapage du regard sur nous. Nous n'invitons pas à exagérer dans notre manière de nous regarder. Il ne s'agit pas de tomber dans un certain narcissisme. Nous avons à nous admirer. C'est bon d'admirer les autres. C'est une manière de manifester notre humanité. Une autre manière existe d'être humain, c'est celle qui consiste à s'admirer au bon moment. Devant l'échec, apprenons à dire ceci pour éviter de perdre le moral :

« La prochaine fois, je m'en sortirai, la tête haute ».

Apprenons aussi à dire ceci pour reprendre courage, pour reprendre la marche : « **Nous croyons en Dieu et nous croyons en nous** ».

Chacun de nous peut se trouver une parole magique pour changer le programme négatif de son cerveau en positif. Nous pouvons enlever toutes les étiquettes qui ont été collées à notre peau par des personnes très déraisonnables. Montrons à ces dernières que nous pouvons sortir de toutes les situations de mauvaise aisance qu'elles ont pu créer pour notre déstabilisation. Un moment donné, elles avaient réussi. L'heure est venue de leur montrer de quoi nous sommes capables. Nous pensons que l'affirmation de soi devant autrui n'est pas mauvaise en soi. Elle peut donner à l'autre l'occasion de reconnaître notre vraie nature, notre identité.

Nous nous affirmons quand nos semblables ne nous reconnaissent pas **par manque d'attention, par dédain, par dégoût, par racisme, par envie, par jalousie, par gratuité, par aveuglement**.

Chapitre VII : Nos méfiances

Le choix des personnes à rencontrer est fondamental. Ces personnes, une fois rencontrées, ne deviennent pas du jour au lendemain des amies. Elles peuvent devenir nos amies avec le temps. Une amitié peut commencer timidement dès la première rencontre. Tout dépend des personnes que nous rencontrons. Tout dépend de la qualité de nos conversations. Tout dépend du niveau d'écoute et d'ouverture. Tout dépend des goûts partagés communément. Quelques paramètres que nous partageons ici pour montrer combien elles sont importantes les premières rencontres avec autrui.

La peur qui nous vient de ce que nous entendons.

« **Méfiez-vous, nous dira quelqu'un, de telle personne, de tel individu, de tel groupe ethnique, de tel groupe religieux, de tel groupe social** ». Celui qui invite à la méfiance peut avoir raison. Elle peut aussi ne pas avoir raison. **Et comment allons-nous le savoir ?** Très souvent, nous ne nous posons pas de question sur l'invitation faite, ou sur l'avertissement donné. Du coup, ce que nous faisons, non pas ce que nous disons, c'est de prendre notre distance par rapport à telle personne, à tel individu, à tel groupe ethnique, à tel groupe religieux, à tel groupe social. Cela veut dire que nous allons créer un dossier noir pour ce monde d'êtres humains dont nous avons à nous méfier. Donc, nous allons nous méfier de ces gens qui sont sur notre liste secrète. Nous nous méfions, parce que nous avons peur selon l'avertissement que nous avons reçu. Rien ne nous prouve que nous devions nous méfier. Notre peur de l'autre n'est pas tout à fait justifiée. C'est ainsi que telle personne nous séparera des autres. Il est important que nous fassions preuve de maturité humaine. Nous vivons dans un monde où diviser les gens entre eux afin de les dominer et se maintenir au-dessus d'eux est un avantage. Mais quel avantage ! Il permet de gagner en relation avec les personnes séparées. Nous devons nous méfier de façon raisonnée et rationnelle de ces personnes qui divisent pour déstabiliser des personnes soudées entre elles depuis des siècles. Ne nous fions pas si facilement aux avertissements que nous donnent les gens aux esprits tordus.

La peur qui nous vient de ce que nous voyons.

Notre méfiance est compréhensible et justifiée dans la mesure où nous sommes témoins auriculaires et oculaires. Nous avons vu et nous avons entendu. Il n'y a pas de meilleurs témoins que nous- mêmes. Deux verbes sont capitaux : voir et entendre. Nous pouvons justifier notre peur et notre méfiance. Il est évident que nous nous méfions d'un meurtrier, si lui-même nous l'a prouvé. Nous pouvons aussi nous méfier d'autres personnes malfamées. Nous connaissons suffisamment ces dernières.

La peur qui nous vient de ce que nous avons subi de désagréable, d'injuste, d'humiliant, de traumatisant.

Un être humain, qui a été traumatisé par un autre des années durant, prendra ses distances, une fois libéré, du milieu de ses traumatismes et de la personne qui fut à l'origine de ses souffrances. **Si nous avons connu l'humiliation répétée dans certains milieux, parce que des hommes comme nous voulaient qu'il en fût ainsi, quelle conduite, aujourd'hui, devrions-nous avoir à l'égard de ceux-là ?** La réponse pourrait dépendre de chacun et de chacune. Beaucoup d'entre nous inviteraient à la méfiance. Le Conseil qui sera donné sera comme celle-ci :

« Méfiez-vous de ceux et de celles qui ont été vos tortionnaires quand vous étiez sous leur tutelle ».

Il est très difficile de faire passer l'éponge sur un passé douloureux et pénible. Une guérison est indispensable.

De quelle nature sera-t-elle ?

Bonne question. Pas n'importe qui peut aider à l'obtention de la guérison. Ne condamnons pas dare-dare ceux et celles qui ont du mal à pardonner, à faire confiance. Ils se méfient presque de tout le monde. Ils vivent leur solitude avec joie et avec paix sans déranger personne.

Ne cherchons pas à les sortir de la solitude sans avoir une connaissance suffisante de leur passé.

Évitons de vouloir fouiller dans le passé de ces derniers sans autorisation aucune. Ne Forçons pas la porte de leur vie passée. Aujourd'hui, nous avons tellement de gens qui sont de vrais donneurs de conseils. Ils en donnent souvent de façon maladroite. Ils ignorent le mal qu'ils peuvent commettre chez les personnes qu'ils cherchent à guider.

Chapitre VIII : Nos dédains

Nous arrivons à un mot que nous employons de temps à autre. Le mot dédain.

Quelle est l'importance que ce mot peut avoir dans notre système de penser ?

Pour répondre à cette question, nous allons en poser deux autres que nous jugeons comme étant utiles.

Nous est-il arrivé de mépriser quelqu'un que nous connaissons ou ne connaissons pas ?

Nous est-il arrivé d'être méprisés par quelqu'un ?

Alors avec ces deux questions, nous essaierons de donner des réponses assez détaillées et développées. Nous vivons dans de nombreuses sociétés où le mépris n'est pas absent. Le mépris est très souvent au rendez-vous. Pour un oui pour un non, on nous méprise, ou nous méprisons. Si c'est nous qui méprisons, peut-être que nous ignorons les effets néfastes que cela peut produire chez celui que nous méprisons. Et si c'est nous qui sommes méprisés, des effets négatifs se produiront dans notre vie. Donc, de part et d'autre le mépris ne produit rien de bon. Il n'apporte que de la désolation, de l'humiliation, de la déconsidération de l'autre. Le mépris peut détruire et peut faire des victimes.

Avons-nous, une fois, méprisé, rejeté, repoussé quelqu'un par simple plaisir ?

Mépriser, rejeter, repousser une personne par plaisir, cela peut s'offrir à la vue de tous et de toutes. Il y a aussi le mépris, le rejet, la répugnance, par pure méchanceté, par une mauvaise intention, par malveillance. Parfois, nous avons envie de dire que les gens de nos sociétés marchent ainsi. Seulement, évitons de généraliser. Ne mettons pas tout le monde dans le même sac. C'est injuste. La vie en société présente des typologies de visages humains. Les uns sont souvent sombres, d'autres sont sereins, d'autres sont tristes. Tout dépend de ce que chacun de nous pense, regarde, dit, fait. Ce qui importe pour nous, c'est de bien ouvrir nos yeux. Car beaucoup d'entre nous regardent ce qui est devant eux sans le voir.

Ce qui importe aussi pour nous, c'est de bien tendre nos oreilles. Très souvent, nous écoutons sans écouter. Nous qui regardons sans regarder, nous qui regardons sans voir, nous qui écoutons sans écouter, nous devons faire attention à la manière dont nous regardons et écoutons. Il nous faut donc des yeux bien exercés, des regards bien pénétrants pour voir correctement ce que nous regardons. Il nous faut bien exercer nos oreilles à l'écoute, car il en va de notre intérêt. Regardons bien alors ce que nous regardons pour pouvoir tirer notre conclusion de ce qui est regardé. Écoutons bien aussi pour pouvoir recueillir et retenir. Faisons notre propre analyse de ce que nous avons recueilli et retenu par notre écoute. Nous avons beaucoup écrit sur l'écoute et le regard. Deux mots qui sont d'une grande utilité par rapport aux rencontres que nous pouvons faire. Il s'agit là de rencontrer des gens avec qui nous nous entretenons occasionnellement ou quotidiennement. Les êtres humains cachent souvent ce qu'ils sont réellement par leurs paroles, par leurs actions, par leurs gestes. Paroles, actions, gestes ne nous révèlent pas forcément la nature profonde d'une personne. Il y a des personnes dont les paroles sont ambivalentes, les actions imprécises et les gestes sournois. Il est question de paroles, d'actions et de gestes. La sollicitation de notre sens visuel et de notre sens auditif est importante en face de ces personnes dont la duplicité est latente. La duplicité est loin de la clarté, loin de la transparence. Elle est loin de la vérité. Elle est loin de la droiture. Tant qu'elle est maitrisée et cachée, elle fait des victimes en puissance pour l'instant. Peut-être, c'est à la longue qu'elle fera des victimes en acte. Prenons le cas d'un homme que nous regardons sans le voir vraiment. Nous ne le voyons pas réellement, parce qu'il peut se métamorphoser.

Non, loin de là ! Il ne s'agit pas de métamorphose. Il s'agit d'un homme qui a choisi la duplicité. Cet homme a choisi de vivre ainsi. Son double jeu s'insère dans ses rapports avec les autres. Il ne rend pas si facilement les relations avec les autres.

Il est difficile de démasquer ceux et celles d'entre nous qui sont de grands porteurs de masques. Derrière ces masques se cache la plupart du temps notre vraie réalité. Chacun essaie de cacher ce qu'il ne faut pas montrer au public, ce qu'il ne faut pas dire au public. C'est plus facile, je pense, de se découvrir que d'accepter d'être découvert. Se découvrir, c'est aller en profondeur à l'intérieur de soi. Mais être découvert, c'est ce que l'autre opère dans ce sens-là dans notre existence. Ça peut être plus douloureux, car tout dépend de notre état d'âme. Il y a certains parmi nous qui refusent ou supportent mal d'être découverts. Il s'agit de la découverte de la duplicité humaine. Il est difficile, voire pénible, de se rendre compte que notre double personnage si encombrant ne peut plus être caché. Bref, il y a chez l'homme de la visibilité et de l'invisibilité. Ce qu'on voit réellement chez lui peut être du vrai ou du faux. Ce qu'il nous dit n'est pas vraiment ce qu'il a envie de nous dire. Le langage flou et le comportement trompeur obscurcissent le visage de l'homme qui joue du théâtre avec nous et avec notre vie. Cet homme visible et insaisissable a envie de nous détruire. Son langage subtil et fallacieux peut faire des victimes. Il parle avec dédain sans en avoir l'air. Le langage dédaigneux n'est pas toujours saisi et compris au bon moment. Le comportement dédaigneux rase complètement l'assurance d'un autre. Il y a des comportements humains qui ébranlent toute une forteresse de confiance humaine en un laps de temps. Poursuivons. Il y a des paroles gratuites qui apportent à la longue la désolation dans notre vie. Ces paroles ne sont pas les nôtres, mais celles d'autrui. Cet autre individu peut nous blesser, par son geste, son action, sa parole et de la manière la plus subtile.

Dans la phase conclusive, nous invitons à redoubler de vigilance, de prudence et d'attention auprès de ceux et de celles qui veulent nous aider, et qui cherchent souvent à nous manifester leur générosité. Il y a une générosité théâtrale qui est porteuse d'outrage et de mort. Il y a des discours bien construits, et dont l'objectif final, c'est de tromper les personnes naïves, sans un esprit critique aiguisé. Méfions-nous de certains donneurs de leçons. Car ils finissent toujours par nous mettre dans un trou presque sans fond.

Chapitre IX : Nos faiblesses

Dans quel sens allons-nous présenter nos faiblesses ?

D'abord, nous remarquons que le mot est au pluriel. C'est avec raison que nous avons choisi de le mettre au pluriel. Nous allons user du mot faiblesses en désignant nos limites, nos insuffisances, nos incapacités et nos imperfections.

En réalité, tous les mots que nous venons d'énumérer vont nous être utiles dans la suite. Ils vont nous permettre de mettre l'homme et la femme devant la réalité qui touche de près leur vie. Cette réalité fait partie intégrante de la vie aussi bien de l'homme que de la femme. Nous commençons par nous dire, en tant qu'homme et femme, que nous sommes des créatures qui ont leurs limites. Chaque instant de notre vie doit nous faire penser à nos limites.

Que signifie cela pour nous ?

Pour comprendre cette question et pouvoir y répondre, je me propose de vous comparer à un oiseau. Vous et l'oiseau, vous avez la capacité de bouger. Vous avez la capacité de vous mettre en mouvement. La manière de vous mouvoir n'est pas la même aussi bien chez vous que chez l'oiseau. L'oiseau a des ailes. Vous, vous n'en avez pas. Les ailes de l'oiseau peuvent lui permettre d'aller se percher sur les branches d'un arbre. Je sais que vous pouvez faire comme l'oiseau, mais vous allez devoir grimper. Ce qui va vous limiter par rapport à l'oiseau, c'est votre poids. Vous êtes plus lourd que l'oiseau. Il y a de ces branches sur lesquelles vous pouvez vous poser comme l'oiseau. Cependant, si vous vous posez sur des branches fragiles, lesquelles ne seront pas en mesure de supporter votre poids, vous allez vous retrouver par terre. Je voudrais souligner ici les prouesses de l'oiseau. À vous aussi, il vous est possible de faire des prouesses, mais non comme l'oiseau. Vous avez compris que vous ne pouvez pas être plus agiles que cet oiseau. Son agilité fait partie de sa nature. Le poids que vous traînez au quotidien avec vous fait partie de vous, de votre nature. Vous aurez essayé à plusieurs reprises de diminuer votre poids, cela ne vous rendra pas moins lourds qu'un oiseau. Par conséquent, il faut apprendre à reconnaître ses limites. Ce qui fait que vous êtes limités ne vous appauvrit pas. Il veut tout simplement que, chaque jour, vous appreniez à regarder votre vraie réalité. Je pourrais continuer à vous proposer de vous comparer à d'autres réalités visibles que vous n'ignorez pas. Ces dernières seront différentes de votre propre réalité. Je vous ai proposé l'oiseau pour vous comparer à lui. Maintenant, je vais devoir vous comparer à une autre réalité similaire à la vôtre. Avec cette autre réalité, vous avez beaucoup de similarité entre vous. Vous partagez les mêmes caractéristiques. Elles vous sont communes. Vous allez remarquer que de part et d'autre, il y a des limites, des insuffisances, des incapacités. Je pourrais continuer aussi l'énumération de tous les autres mots qui sont synonymes de faiblesse. Vous avez fait l'expérience avec vos propres limites. Vous vous êtes rendus compte, un jour, que vous n'étiez pas en mesure de réaliser des projets dans un domaine bien précis comme d'autres êtres humains. Vous vous êtes rendus compte que vous étiez intelligents comme eux, mais vous n'arriviez pas à faire justement comme eux.

Quelquefois, c'est très frustrant. Quelquefois, l'incapacité à faire comme l'autre vous donne du stress. Je ne veux pas dire que vous êtes jaloux de ces personnes qui peuvent réussir mieux que vous dans tel domaine. Je comprends votre étonnement devant les capacités des autres. Je comprends aussi votre dépassement devant l'ingéniosité de ceux et de celles avec qui vous travaillez. Ce que vous devez retenir est ceci : la vie est faite de surprise, la vôtre ou celle des autres. Vous aurez à surprendre des gens et vous aurez, vous aussi, à être surpris par ceux de votre entourage.

Retenez encore que chacun d'entre vous a ses limites. Et apprenez à les regarder sans crainte aucune. Retenez enfin que nous avons quelque chose d'utile à faire valoir dans ce monde.

Chapitre X : Nos valeurs

Qu'est-ce qu'une valeur ?

Une question qui n'est pas si simple. Le mot qui nous intéresse le plus, c'est celui de valeur. Ce mot revient plusieurs fois dans nos conversations. L'usage que nous en faisons nous introduit dans un contexte différent d'un autre. Nous retiendrons ici avant d'aller plus loin qu'un mot n'a de sens que dans un contexte. Nous en sommes très convaincus. Il nous reste à préciser dans quel sens voulons-nous aborder la valeur. Chaque être humain appartient à un groupe social. Il appartient à une nation. Il appartient à une famille. Il appartient à une ethnie. Il appartient à une race. Et dans chaque groupe d'appartenance, il y a des valeurs qui jouent un rôle de grande importance dans le renforcement des liens qui unissent les membres entre eux. Et avec l'esprit critique que nous avons, nous allons nous poser une ou plusieurs questions sur le sens de ces valeurs.

S'agit-il de vraies valeurs ?

Si les valeurs dont il est question dans ces groupes d'appartenance sont vraies, il faut les maintenir selon le niveau d'importance qu'elles ont dans les relations entre les personnes. Nous entendons souvent des personnes parler de valeurs. Ce qu'elles en disent peut-être éclairant. Il peut aussi ne pas l'être. Pour ce faire, il est impératif de situer les valeurs, car elles appartiennent à des domaines qu'on ne devrait pas ignorer. Signalons déjà au passage que des contre-valeurs mortifères sont devenues monnaies courantes dans certains environnements, dans certains milieux de vie bien ciblés. D'après des recherches effectuées à travers des livres, des sites, nous sommes tombés sur de nombreuses informations qui vont dans la direction de notre réflexion. Nous présenterons ces valeurs et verrons jusqu'à quel niveau elles sont présentes ou absentes, dans nos sociétés, dans nos pays, dans nos continents et dans nos relations.

Leur ignorance peut conduire à la destruction d'une certaine humanité, de certaines relations entre les êtres humains, entre les êtres humains aussi et le reste de la création. Penchons-nous sur ces valeurs en ayant l'esprit en éveil. L'esprit critique est prépondérant quand nous voulons nous intéresser aux valeurs qui soutiennent nos vies dans nos milieux de vie.

La méconnaissance de ses valeurs peut conduire certainement à des conséquences néfastes. Là, il ne s'agit plus de l'ignorance, mais plutôt d'une mauvaise volonté, d'une mésintelligence. Nous voulons ignorer pour ignorer tout en sachant que notre ignorance est voulue.

Comment pouvons-nous vivre dans un monde où les valeurs humaines, culturelles, familiales sont vues comme caduques ?

Elles sont vues comme relevant d'un passé légendaire. Les gens dont l'imaginaire transcende tout sans rien transcender, en réalité, nous induisent en erreur à travers leur fallacieuse perception qu'ils ont eue des valeurs sociétales, familiales, relationnelles, interpersonnelles.

Et maintenant, nous allons partager ces points vitaux sans lesquels l'ébranlement des fondements d'une société, d'un pays, d'un continent, d'une famille, semble évident. Cet ébranlement est imminent. Ou peut- être, il a déjà commencé et a gagné beaucoup de terrain dans certains milieux de vie. Le monde sera ce que les humains en feront. S'ils vivent selon les valeurs communes à toutes les sociétés du monde, à toutes les familles, ils ont de fortes chances de sauvegarder leur convivialité et leur proximité humaine.

En somme, nous pouvons découvrir par nous-mêmes que les maux dont souffrent nos sociétés, nos pays, nos continents, nos familles de sang, ont leur origine à la fois à l'intérieur et à l'extérieur.

Gardons-nous de toute

division, de toute séparation,

de tout racisme sous toutes ses formes,

de toute incitation à la haine,

à la discrimination,

à la domination.

Évitons tout discours qui ne favorise pas la paix. Mais évitons aussi tous les discours qui ne véhiculent que des contre-vérités et de gros mensonges. Nous savons que les professionnels du mensonge sont tapis dans le noir. De temps à autre, ils se rendent visibles. Les nations du monde seront en paix dans la mesure où elles sauront se respecter et respecter ce qu'elles ont en commun encore. Il s'agit, bien entendu, des valeurs communes et internationales. Nous voulons présenter ici quelques valeurs, lesquelles sont fondamentales entre nous qui sommes des êtres humains, du moins, c'est ce que nous affichons en apparence. Nous souhaitons que l'apparence passe à l'authenticité. **La solidarité, le respect**, **la fraternité**, **l'écoute**. Pour conclure, ayons, pour certains d'entre nous, la curiosité et le courage d'aller chercher des mots qui sont des synonymes et des antonymes de valeur. Cette recherche pourrait changer quelque chose en nous. Les synonymes d'un mot apportent un plus à notre compréhension, à notre perception et à notre curiosité. Ils peuvent changer notre regard, notre jugement, notre logique quelquefois fallacieuse, notre raisonnement.

Au bout du compte, nous voulons et devons garder du vocable valeur ce qu'il doit être selon les synonymes qui l'accompagnent.

Pour ce faire, nous disons ceci pour notre bien et pour le bien de toute notre humanité, sans prendre part pour telle ou telle race, pour telle ou telle ethnie, pour telle ou telle personnalité, pour tel ou tel pays, pour tel ou tel continent, pour telle ou telle région. C'est une conclusion personnelle.

Tout ce qui a de la valeur est vrai.

Tout ce qui a de la valeur se veut authentique.

Tout ce qu'il y a de la valeur se fait utile.

Tout ce qu'il y a de la valeur est de qualité.

Tout ce qu'il y a de la valeur rassemble.

Tout ce qu'il y a de la valeur dissipe toute forme de dépersonnalisation de l'homme et de la femme.

Tout ce qui a de la valeur prône pour la reconnaissance de la dignité de toute personne selon son groupe d'appartenance.

Tout ce qui a de la valeur n'a pas de concordance avec ce qui est sans valeur.

Il y a du divin dans toutes les valeurs humaines, si leur finalité est de créer une fraternité entre tous les humains, de contribuer dignement impartialement et divinement à la pacification de quelques pays livrés à des guerres sans merci, de faire respecter les droits et les biens de tous les peuples, de regarder les différences entre les humains comme une richesse et non comme une menace, de se dire qu'après tout, la vie terrestre passe avec toutes les souffrances et les difficultés qu'elle draine.

Il est temps donc de regarder ensemble vers un avenir humain et divin où il n'y aura ni des dominés, ni des dominateurs. Entendre par domination quelque chose de péjoratif. Certaines valeurs n'ont plus de voix quand il est question de la quête de la valorisation et de la reconnaissance de notre fausse réputation affichée et imposée la plupart du temps, de la quête aussi d'ovation et d'approbation des gens du même genre. Pauvres valeurs qui êtes défendues et mises sur la toile sans crainte aucune par quelques humains très courageux quand d'autres cherchent à vous éloigner du terrain de la compétition. Celui, qui est de votre côté, aura le dernier mot sur ceux et celles qui ont cherché à vous faire taire, pensant ainsi pacifier leur conscience. Mais leur conscience n'est pas dupe. La visite divine se fera d'un jour ou l'autre dans chaque sanctuaire humain. "Dies Irae. "le jour de colère arrivera.

Le souci de chaque humain doit consister à se respecter et à se faire respecter, à respecter autrui et à faire respecter autrui, cet être humain blanc, noir, jaune ou rouge. La vraie humanisation de l'homme passerait par le respect des valeurs et non des contre-valeurs.

Chapitre XI : Nos retards

C'est quoi le retard ?

Pour faire simple, nous disons que c'est le fait de ne pas arriver au bon moment là où nous sommes attendus.

À quel endroit sommes-nous attendus ?

Cela dépend de ce que nous voulons et faisons. Cela dépend de nos activités respectives. Nous allons rencontrer quelques personnes qui s'activent pour elles ou pour la société. Que ces personnes travaillent dans des secteurs différents, cela ne les empêche pas d'être rigoureuses avec elles-mêmes. Et en parlant de rigueur, je voudrais souligner l'importance de la valeur qui doit être accordée à l'activité qui est la nôtre. L'activité qui nous procure tous les honneurs, toutes les considérations, tout le bien-être, est le moyen qui fait de nous des personnes féminines et masculines de valeur. Notre activité est précieuse. Tout ce qui est précieux a normalement un lien avec le prix. Et en parlant de prix, je me mets du côté de celui qui a une activité quotidienne au sein de sa société, laquelle fait de lui quelqu'un de reconnu. Il est reconnu, parce que c'est lui qui assure telle activité. L'activité nous donne un nom, un renom, une reconnaissance. Elle peut même nous crédibiliser auprès des gens de notre milieu de travail grâce à la manière dont nous nous comportons à son égard. Nos retards ! Cela semble évident que dès que nous parlons de retard, nombreux d'entre nous pensent au retard le plus connu. Nous pouvons donner ici quelques exemples plus connus : le retard à un rendez-vous, le retard à la messe, le retard à la prière, le retard à un voyage, le retard à une grande réunion. Par rapport à ces retards, nous pouvons en déduire ceci : **« Nous sommes coupables ou nous ne le sommes pas »** Personne n'est coupable, ni nous, ni les personnes que nous soupçonnons. Le train et le bus tombent en panne, le retard est évident. Il y a l'intervention des intempéries. **Que pouvons-nous faire contre cela ?** La question est de nous demander ce que nous devons faire devant de telles circonstances.

Faut-il poireauter ?

Il est certain que ceux et celles qui sont plus pressés essaient de se sortir de la situation. D'autres attendent tranquillement et sagement le changement de situation. Ce qui est redoutable, presque inéluctable, c'est que dès qu'il y a un retard au point de départ, il y en a certainement au point d'arrivée. Nous allons à destination avec du retard. Ce que nous voulons réaliser à notre arrivée est irréalisable, du moins, pour ce jour. C'est bien dommage ! Mais ce n'est pas encore la fin. Nous pouvons nous rattraper à un autre jour. Ce rattrapage n'est pas évident. Il y a des retards qui ne nous pardonnent pas.

Ils nous plongent dans une certaine incertitude, dans un certain inconfort, dans une certaine précarité. Ils nous incitent au regret, au découragement, au relâchement, à la lassitude et à notre auto-destruction. Cependant, il y a un retard que nous craignons le plus et qui peut être destructeur chez les personnes concernées. Le retard scolaire ! Il a plusieurs facettes sans doute. Mais quelques-unes vont plus nous intéresser. La première situation est celle d'une personne qui est entrée à l'école, non pas avec son âge. Il a fallu arranger sans l'ombre d'un doute ses pièces de naissance. Et on arrive à l'inscrire pour qu'elle commence l'école. Comparée aux autres élèves qui ont son âge, elle a un retard de deux à trois ans. Cela ne la démoralise point. Cela pourrait toucher quelque chose de sensible en elle. Elle doit s'armer de courage et de foi en se disant qu'elle n'est pas quelqu'un d'autre et qu'elle est elle-même. C'est de cette manière qu'elle peut remonter la pente d'un certain complexe d'infériorité. Parmi les gens qui connaissent cette situation, certains d'entre eux ont bien réussi depuis longtemps. La deuxième situation est celle d'une personne qui a bien commencé, selon les étapes à franchir, pour réaliser le projet de ses parents au niveau de l'école. Ils attendent que leur fils arrive au bon port de ses études. Ils payent cher. Ils se sacrifient pour lui. Un beau jour arrive, c'est l'éclatement. Les parents apprennent que l'enfant perturbe en classe. Il se tape de mauvaises notes. Un beau jour aussi, il est renvoyé. Pour son retour au même établissement, il ne sera pas possible. Il lui en faudra un autre. Il est sûr que même s'il rêve d'aller dans un autre, un papier du premier établissement le suit vers là où il se dirige. Si jamais il reste une année sans être scolarisé, il va connaître du retard à cause de sa faute, à moins qu'il ait à proximité des gens pleins de bienveillance pour l'aider selon l'attente des parents. Autrement, ce retard créerait entre lui et les autres élèves de son âge une petite distance, laquelle serait apparemment insignifiante, mais destructrice, en réalité. Nous pourrions exposer d'autres retards assez intéressants. Tel est celui de l'enfant qui a du mal à comprendre ce qu'on dit en classe. Il a la volonté. L'envie est là de comprendre quelque chose de ce qu'on lui enseigne, mais rien à faire.

Il passe des examens, il ne s'en sort pas. C'est tout le temps l'échec. Pendant ce temps-là, ses condisciples du primaire sont sur la planète Mars. Le point fort de cet enfant, c'est qu'il ne lâche pas. Il passe des années dans plusieurs classes. C'est humiliant ! Mais quelque part, il y a une chose qui pourrait être possible. Ce que nous ignorons, c'est que de nombreux cas comme celui de cet enfant étonnent les témoins par moment, parce qu'on ne peut rien faire pour eux. On fait ce qu'on peut. Il va arriver le moment où les enfants de la même situation sortent miraculeusement des ténèbres de l'obscurantisme pour se faire connaître au grand public. Ils ont eu du retard au primaire, au secondaire, et aujourd'hui, ils sont les meilleurs à l'école de la vie. Ils ont eu leurs diplômes comme bon nombre de gens avec un grand retard. L'important était d'y arriver. Un seul conseil à donner est le suivant. Les retards font partie de notre existence. Il nous est arrivé une ou deux fois dans la vie, ou plusieurs fois, d'être en retard. Et nous n'avons pas ignoré la nature et les conséquences de ces retards. L'important, c'est d'essayer d'éviter tous les retards qui dépendent de notre volonté. Il nous suffit d'avoir de la volonté et de passer à l'acte pour éviter ces genres de retards. D'autres retards ne dépendront jamais de notre volonté. Tous ces retards sont par rapport à des événements. Par conséquent, toute notre vie est une succession d'événements en événements. Il y a de ces retards qui sont liés à l'un ou l'autre de ces événements. N'avoir jamais pris une place dans une salle de classe n'est pas un événement sans signification. Cela faisait partie de la vie de quelqu'un. Ce quelqu'un, comparé à d'autres personnes qui ont connu l'école, a raté quelque chose de sublime, de valorisant, de relevant dans son expérience humaine. C'est un retard par rapport aux autres, si nous mettons cette réalité scolaire en valeur ou en avant. Il y a des possibilités qui sont accordées à ceux et à celles qui ont étudié. Si on tient compte des diplômes obtenus, celui qui n'en a pas est en retard.

Le fait de n'avoir pas été à l'école ne contribue pas forcément à l'inhumation, à l'amoindrissement et à la néantisation de votre personnalité. Relevez la tête et dites-vous qu'il est possible de vous réaliser autrement sans votre passage dans un établissement.

Chapitre XII : Nos Vérités

Nos vérités ! Nous vivons dans un monde où nous assistons à une explosion de vérités. Nous avons l'impression, et ce n'est qu'une impression, que tout le monde est détenteur de quelques vérités. Tout le monde est possesseur de grandes ou petites convictions, non pas forcément religieuses. Chaque personne, diplômée ou non, dit ce qu'elle pense, ce qu'elle sait, ce qu'elle croit, ce qu'elle voit, c'est qu'elle touche, ce qu'elle sent, ce qu'elle pressent, ce qu'on lui apprend, ce qu'on lui fait croire. En un mot, tous les organes de cet être humain s'exercent, s'activent. Aujourd'hui, il est tellement intéressant de comprendre que l'allure avec laquelle vont les gens est inquiétante. C'est du progrès sans doute. Ce progrès peut bien inquiéter l'homme plein de sagesse. L'homme sage n'est pas si facilement entraîné par ce que l'on appelle progrès. Tout dépend de ce que contient ce mot comme vérité. Bref, en faisant mention du progrès, nous pensons à la vitesse des informations qui nous parviennent en provenance des pays qui se situent géographiquement parlant à des milliers de kilomètres de nous. C'est impressionnant ! C'est extraordinaire ! Cela nous marque. Cela nous touche. Les informations nous arrivent par le téléphone, le net ou autres. En fait, l'important, c'est ce qu'elles contiennent. Chaque personne devrait attendre des informations à recevoir la vérité. Mais il faut que nous reconnaissions que toutes les informations ne sont pas de même nature. Certaines sont faites pour divertir la plupart d'entre nous. Il n'est pas interdit la diversion. C'est l'excès de diversion qu'il faut redouter dans un continent, dans un pays, dans une société, dans une famille. Il y a des diversions qui font mal, et continueront à faire mal aux personnes qui rêvent debout. Cela veut dire que ces dernières pensent que tout ce qu'elles entendent, voient, contemplent, observent, remarquent et reçoivent est réel. Or, nous savons bien que c'est une évidence de recevoir des nouvelles pas toujours vraies à travers certains réseaux sociaux. Le triage des réseaux et des informations s'impose à ceux et celles qui prennent conscience de la gravité de la situation. Certains d'entre nous sont manipulés, parce qu'ils acceptent la manipulation et le manipulateur. C'est parce qu'ils sont dans l'incapacité à saisir la pensée d'un manipulateur ou d'une manipulatrice. Il ne s'agit pas de naïveté de la part des personnes manipulées, mais surtout de leur ignorance. Nous vivons dans des milieux qui nous sont communs. Quelques milieux de vie sont différents selon là où nous nous trouvons par rapport au reste des hommes. Certaines distances sont plus grandes que d'autres. Les distances longues ou courtes n'empêchent pas la communication verbale si les moyens sont au point. Les siècles de l'ignorance sont révolus. Nous sommes au siècle où les informations pleuvent en abondance et en surabondance. Si nous voulons nous intéresser à toutes, nous risquons une saturation de notre esprit. Et même si les informations étaient vraies, établir une priorisation entre elles serait bénéfique. C'est une question d'intelligence. Sans perdre la direction que nous avons choisie, nous tenons à écrire ceci au sujet de nos vérités, lesquelles apporteront un changement dans nos rapports avec le monde de l'information. Des personnes informent, d'autres recueillent les informations. À propos d'information, nous nous focalisons sur les journalistes. Il est clair que les journalistes ne sont pas les seuls à informer. D'ailleurs même, autour de nous, nous avons quelqu'un peut- être qui informe plus que certains journalistes. Cependant, notre souci est celui de la vérité. Nous tenons, au moins, à concentrer notre attention sur quelques avantages de la vérité.

Il y a une libération qui s'obtient par la proclamation de la vérité.

Quand nous disons la vérité sans chercher à nuire à autrui, nous sommes dans la voie de la libération de l'autre à qui notre vérité est destinée. Nous nous engageons aussi dans la voie de notre propre libération. Il y a de ces vérités qui nous étouffent tant qu'elles sont en prison dans notre propre être. Elles n'attendent que nous pour leur libération. Et dès qu'elles sont libérées, nous aussi, nous sommes libérées. Des vérités longtemps gardées sans être libérées perturbent notre vie. Quand nous sommes témoins d'injustice subie par des gens justes, alors que nous avons la possibilité d'intervenir, nous devons intervenir en ayant conscience que la vérité libère. Que personne n'achète notre conscience ! Ne cautionnons pas l'inconduite et l'injustice d'hommes ou de femmes dépravés, déboussolés, pervertis, mécontents d'eux-mêmes ou d'elles-mêmes, parce que nous cherchons à leur faire plaisir. Pensons aux grands hommes religieux ou politiques, qui ont défendu la vérité jusqu'à en mourir. Ils sont morts pour leur patrie. Ils sont morts pour leur foi.

Il y a une crédibilisation qui s'obtient par la proclamation de la vérité.

Nous entendons très souvent ce que disent les gens au sujet d'une personne. Elle n'est pas crédible. La crédibilisation nous renvoie au verbe latin **Credere**. D'où le **Credo in unum Deum**.

Quelqu'un qui perd sa crédibilité, il perd la confiance que les gens avaient en lui. Les discours qu'il prononce sont vides de sens pour ses auditeurs. Ses conseils, même s'ils sont bons, sont sans importance pour ses interlocuteurs. La crédibilité doit être comme un talisman qui nous accompagne dans notre vie.

Il y a une sécurisation qui s'obtient par l'expansion de la vérité.

La vérité nous sécurise. N'imaginons pas comment elle peut nous sécuriser. Ce n'est pas une question d'imagination, mais plutôt de vérité. Les gens qui aiment la vérité et qui en vivent ne sont pas toujours et partout les amis de tout le monde. Ils font peur aux orgueilleux, à leurs adversaires, à leurs ennemis, à de grandes personnalités, parce que la vérité qu'ils proclament leur serve de rempart, de mur de protection. Et malheur à ceux et celles qui cherchent à se heurter au mur, au rempart. **Si nous défendons une cause juste, vraiment juste, nous insistons, de qui avons-nous peur ? Et pourquoi devons-nous avoir peur ?** Nous avons peur des tortionnaires, des persécuteurs, des hommes sadiques, des hommes sans scrupule, des assassins, des meurtriers.

Il y a une valorisation qui s'obtient par la reconnaissance de la vérité.

Ceux et celles qui sont du côté de la vérité se valorisent sans vraiment le vouloir. Ils sont en train de donner et de redonner à la vérité sa place, là où elle a été remplacée par une contrevérité. Soyons des avocats en faveur de la vérité afin de la maintenir à sa vraie place. L'histoire des hommes retiendra toujours les noms de grands hommes et de grandes femmes qui furent des personnes de grande valeur.

Il y a une élévation qui s'opère par l'intégration de la vérité dans notre vie.

La vérité nous élève, parce qu'elle est sans mélange. Elle est claire et éclairante. Elle nous rend transparents, par sa transparence, droits par sa droiture. Elle nous change, parce qu'elle apporte le changement à celui qui veut changer. Elle nous élève, c'est comme si elle avait des ailes. Elle nous met au-dessus de ceux et de celles qui la combattent, souvent farouchement, volontairement, intentionnellement. Ceux et celles qui la combattent ne constituent pas un petit nombre. Ils sont nombreux. Nous voyons clairement celui que la vérité illumine plus qu'un autre. Cet autre est peut-être emprisonné dans les ténèbres de son ignorance. Recevoir la vérité de quelqu'un, c'est recevoir la lumière qui peut dissiper partiellement les ténèbres de notre ignorance.

Nous sommes ignorants, mais la vérité, accueillie avec sincérité, avec humilité, avec effacement, peut amoindrir notre ignorance. C'est pourquoi, nous pouvons dire d'elle qu'elle est sublime, et en la recevant, elle nous place au-dessus de l'ignorance des autres. Cette élévation est possible.

Chapitre XIII : Nos peurs

J'ai écouté un prédicateur blanc pendant son homélie dominicale.

Il parlait très bien. Il avait tous les talents d'un prédicateur. Je ne me souviens pas de l'évangile qui avait été lu ce jour-là. Je me souviens d'une chose ou bien encore d'un mot que le prédicateur avait prononcé. Il s'agissait du mot peur. Il l'utilisait dans plusieurs phrases. Chaque fois qu'il utilisait, c'était dans un contexte bien précis. Il avait sans doute entendu parler de terrorisme un peu partout dans le monde. Selon lui, ce fléau qu'est le terrorisme était enraciné dans une culture ou dans un groupe social ciblé. Et par conséquent, il voyait le mal dans cette culture ou dans ce groupe social. Il était difficile de lui faire changer son mode de penser. Je pense qu'il avait grandi avec des préjugés sur les gens qui appartenaient à une culture bien connue. Je le voyais devant le légile en train de lire son texte. Il ne disait pas du bien de ce groupe qui était sa cible. Pour lui, le terrorisme était à l'origine de la peur que beaucoup de ses compatriotes avaient eue. Il avait oublié, parce que n'usant pas de son esprit critique, qu'il lui fallait juste faire marche à reculons vers le passé pour trouver les vraies raisons de sa peur d'aujourd'hui. Il avait oublié qu'hier ses ancêtres avaient terrorisé des peuples. Aujourd'hui, c'est lui qui est terrorisé. Il n'est pas le seul à être terrorisé. Il avait oublié que lui-même pouvait faire peur à des personnes par sa parole d'homme de Dieu, par ses accusations gratuites faites à un peuple. Je me suis même demandé si toutes nos peurs sont justifiées en écoutant le prédicateur. Un ami blanc, un religieux, qui sait user de sa tête, m'a dit ceci : **« Le prédicateur voit le mal partout ».** La peur est partout également. Je pense que le changement de lunettes est quelquefois indispensable pour avoir un autre regard sur le monde dans lequel nous vivons. Le monde ne nous appartient pas. Il appartient à tout le monde. Nous devons faire en sorte que nous puissions bannir de ce monde tout ce qui peut engendrer la peur dans nos localités, nos sociétés respectives. Seul le respect que nous aurons les uns à l'égard des autres transformera notre peur en courage, en bravoure et en euphorie. Nos actes que nous posons pour faire bien ou mal à l'autre notre semblable contribueront à l'instauration de la paix ou au maintien de la peur. C'est nous qui devons choisir entre la paix et la peur.

Nous voulons souligner quelques causes d'un petit nombre de nos peurs.

Les endoctrinements et les idéologies

Les endoctrinements

Ils exagèrent sur la manière dont les gens n'ayant pas toujours et suffisamment d'esprit critique doivent penser, analyser, synthétiser, se comporter et agir. Ceux et celles qui endoctrinent des peuples, des nations, des humains cherchent plus à instaurer un changement voulu par eux-mêmes dans tel ou tel secteur où évoluent des humains. Ces gens qui endoctrinent le reste des humains peuvent créer un certain malaise entre les êtres vivants dotés de raison. Autrement dit, ils parviennent à diviser des humains qui sont appelés à vivre une vie humaine.

Si l'objectif de leurs endoctrinements passe par la porte de leur fantaisie, les humains vraiment humains deviennent inhumains entre eux. **Les endoctrinements peuvent créer la déshumanisation des humains.**

Le fait que des humains aient peur des autres humains peut provenir de ces endoctrinements. Nous croisons quelqu'un dans la rue, il a peur de nous regarder, de nous parler. La leçon reçue est sue. C'est triste !

Les endoctrinements renferment en eux et véhiculent des vérités, qui , en réalité, ne sont que des contrevérités.

Des exemples à donner pour attirer l'attention sur les dangers qui pourraient guetter notre humanité.

Quand dans une société, à travers l'éducation familiale ou scolaire, on commence à inculquer des contrevérités et des contrevaleurs aux enfants, on est en train de formater des esprits qui pourront devenir des dangers partout où ils se trouveront. Des esprits qui sont mal formatés peuvent détruire les sociétés de demain.

Les endoctrinements détruisent lentement et surement des valeurs et des relations.

Ils peuvent être, enfin, à l'origine de certaines de nos peurs. Retenons juste quelques mots qui se comprennent aisément sans le dictionnaire. **L'afrophobie**, **la russophobie**, **La francophobie**, **la germanophobie**, **l'anglophobie**, **l'androphobie**.

Ces peurs ont-elles leur raison d'être ?

Sont-elles justifiées ?

Seul le retour à l'histoire permet de saisir ce qui s'est passé, et continue de se passer. L'histoire ne ment pas, s'il s'agit de l'histoire qui se veut vraie. Certaines peurs ne sont pas des fruits du hasard. Elles peuvent se justifier à partir de leurs causes lointaines. Il faut des responsables derrière la peur de tout un peuple, toute une nation, toute une race, toute une ethnie. Que des masques tombent pour permettre à ceux et à celles qui ont encore peur entre eux et elles d'identifier les vrais responsables de leur peur. Si nous sommes responsables de la peur des gens, admettons-le, même si cela est difficile à admettre. La fausse justification par rapport à notre vraie implication dans la situation de peur et d'incertitude où se trouvent les gens traumatisés n'a pas de sens. La vraie justification ne consiste pas en une énumération de preuves de son innocence. Elle consiste en une reconnaissance de sa vraie implication dans la souffrance d'autrui, dans sa destruction mentale ou physique.

La vraie reconnaissance de notre responsabilité nous humanise.

Les idéologies

Nous avons juste choisi quelques précisions, détails, apports, donnés par nos sources de recherche au sujet de l'idéologie.

Selon nos sources, l'idéologie, c'est ce qui va suivre :

L'ensemble des croyances, des idées caractéristiques d'une personne, d'un groupe, d'une société à un moment donné.

Une des sources du capitalisme. Nous pourrions en citer d'autres.

Les synonymes qui sont proposés sont : doctrine, système, dogme. **Les antonymes** : méfiance, réticence, dogme. L'étymologie du mot nous permet de garder deux mots clés : idée-étude. Pour plus de clarification de l'idée que nous pouvons nous faire de l'idéologie, des expressions sont proposées.

L'idéologie triomphante.

Elle concerne la croyance ou la doctrine.

L'idéologie confuse.

Elle concerne la croyance, une doctrine floue.

L'idéologie dangereuse.

Elle touche la croyance. Il peut être question d'une doctrine menaçante.

L'idéologie autoritaire.

Il s'agit toujours d'une croyance. Il peut aussi s'agir d'une doctrine totalitaire.

Avoir une position idéologique.

C'est avoir une opinion qui relève d'un ensemble de pensées.

Le piège idéologique. Il se rapporte à la nature de cette idéologie.

Nous continuons avec les expressions.

Le parti-pris idéologique.

C'est une opinion intellectuelle.

Et pour finir, nous avons :

Dénoncer une idéologie.

On accuse une doctrine, une croyance. Nous avons d'autres sens du mot idéologie comme l'utopie, l'espérance. Ces autres antonymes sont dystopie et méfiance. Nos informations qui touchent le domaine idéologique nous viennent de sources sûres. Les mots qui reviennent à travers ces richissimes informations sont : doctrine, dogme, croyance. Il ne serait pas inutile de reprendre chaque mot afin de pouvoir l'étudier avec beaucoup d'intérêt, car nous sommes ici sur le terrain des idées. Chaque mot qui est étudié peut contenir du faux ou de vrai dans le contexte de notre réflexion. Le mot doctrine fait penser à trois mots d'origine latine comme **docere, docentia, doctrina**. Trois mots qui équivalent à trois mots français. Enseigner, enseignement et enfin doctrine. La réflexion que nous voulons partager est la suivante :

« **Tout ce qui est enseigné peut-être vrai ou faux. Tout enseignement peut-être bien ou mal orienté. Toute doctrine peut bel et bien s'appuyer sur quelque chose relevant de l'orthodoxie ou de l'hétérodoxie ».**

Nous sommes donc invités à user de notre esprit critique pour accepter l'acceptable ou pour rejeter le rejetable. C'est cette attitude que nous devons avoir à l'égard de tous les enseignements, de toutes les doctrines, de tous les dogmes. Il y a beaucoup de dogmes qui ne sont rien d'autres que des dogmatismes. Il faut apprendre à faire la part des choses. Il faut toujours voir ce qu'il y a de vrai, de divin dans tout enseignement, tout dogme, toute doctrine.

Il y a des enseignements qui détruisent le mental, des doctrines qui désorientent les esprits faibles et même solides, des dogmes qui sont des réducteurs de l'intellection.

Chapitre XIV : Nos relations

Nous abordons maintenant la relation. Écrire sur ce sujet fait peur. Il touche plusieurs points d'autres disciplines. Alors du coup, nous nous demandons dans quel sens il faut l'aborder. Allons-nous parler de cela en ce qui concerne les relations humaines ? Bien sûr, nous allons en parler, car il me semble important. La relation nous fait penser certainement à l'homme, à ses liens avec un autre de la même famille ou d'une autre. Nous allons l'aborder sous cet angle. C'est très important. En effet, ce que nous allons écrire dessus vient de l'expérience.

Nous allons toucher les relations humaines. Nous commencerons par les relations qui touchent d'abord la famille et ensuite nous arriverons à celles qui vont au-delà de la famille. Primo la famille. Nous savons bel et bien que dans toute famille humaine, normalement des relations existent depuis un certain moment. Il y a un point de départ pour ces relations. Elles sont nées d'un commencement. Toute relation a un commencement. Et ce commencement est très capital. Un enfant, qui arrive dans une famille, est le fruit d'un lien reconnu ou non reconnu. Et il est fondamental de mettre l'accent sur le reconnu et le non reconnu. Le lien dont nous parlons existe bel et bien. Il peut s'agir de lien solide ou fragile. Et c'est le temps qui nous en donnera raison. Quelques mots nous permettent d'oser écrire sur la relation. Nous n'écrivons pas sur n'importe quelle relation. Nous avons une grande envie de dire un mot sur les relations humaines. Nous ne sommes pas dans les mathématiques où les relations ont une grande signification. Nous voulons aussi revoir les relations humaines. En abordant ici la relation ou les relations, nous ouvrons plusieurs portes qui donnent sur la communication verbale, corporelle, gestuelle. Bref, l'homme est un être raisonnable qui est appelé à communiquer avec les autres, les plus proches ou les plus éloignés de lui. Cette communication peut se faire par la parole, par le corps. Nous pouvons entendre par là: le regard, les gestes, les vêtements portés et les mots. Certains vont même jusqu'à lui apprendre comment communiquer. La communication est fondamentale dans le cadre des relations entre professionnels. Il n'est pas question de donner cette possibilité de communication à un membre lambda d'une société, d'une entreprise. Souvent, il faut déjà bien se former. Le choix est orienté vers les gens qui ont appris toutes les leçons concernant la communication verbale. La formation à la communication prépare à une profession certes, mais aussi à la vie de tous les jours. Apprendre à parler et à écrire est utile à tous les niveaux de notre vie. Il ne faut pas la limiter au milieu professionnel, il sort de ce cadre-là, bien qu'il y soit utile, pour se rendre encore plus utile dans d'autres cadres. En réalité, la communication est primordiale au bureau, à la maison, dans la rue, dans les réunions, dans les rencontres, dans les milieux religieux. Si elle est fondamentale, c'est parce qu'il y a des attitudes à adopter dans ces différents milieux ; ces attitudes peuvent ou doivent valoriser ou revaloriser notre personnalité.

Par conséquent, communiquer, c'est être en relation avec un autre. C'est donner quelque chose à l'autre pour recevoir de ce dernier quelque chose d'autre comme le sourire, le respect, l'ovation, la contribution.

Il est bon, un moment donné, de nous dire que notre option pour écrire sur la relation ne touchera qu'un aspect. Nous ne pouvons pas tout dire sur la relation et tout ce qui va avec. Alors, étant donné que les êtres humains sont faits pour être normalement ensemble, marcher ensemble, demeurer ensemble, vivre ensemble ; ils doivent donc indubitablement se connecter les uns aux autres. Les relations interpersonnelles nous intéressent plus. Aujourd'hui, on use beaucoup du vocable connexion. Dans le domaine informatique, les internautes savent de quoi on traite. Il nous suffit d'une petite chose non mise en place pour nous empêcher de nous connecter. Au sujet des relations interpersonnelles, nous allons user du même terme. La connexion, c'est la relation. Sans cette relation, c'est la distanciation entre êtres humains. C'est la séparation. C'est l'éloignement. C'est l'indifférence. C'est souvent l'insouciance. C'est le manque de solidarité. C'est le manque d'empathie. Il ya des choses qui vont manquer aux humains devant s'unir entre eux quand quelque chose qui doit les relier les uns aux autres est inexistant. Les connexions dont nous faisons allusions sont vitales entre des humains appartenant à la même famille, au même groupe social, au même groupe racial, au même groupe communautaire, au même groupe ethnique. Il ne faut pas limiter ces connexions juste à l'intérieur des groupes d'appartenance et de travail. Il faut une ouverture du cœur et de l'esprit à l'égard des autres groupes.

Si cela fait défaut, nous ne nous étonnons pas qu'il puisse y avoir des difficultés dans le vivre ensemble. Il y a un vivre ensemble qui est étouffant et mortifère, parce que l'oxygène manque à cet endroit où vit un petit ou un grand nombre d'êtres humains. Ces humains ne respirent que du gaz carbonique. C'est une réalité qu'on ne peut pas ignorer. Si nous sommes au même endroit pour presque toute la vie, c'est très grave

de s'ignorer,

de se méconnaître,

de se déprécier,

de se mépriser,

de se détruire.

Nous pouvons reconnaître quand même qu'il y a des obstacles et des anicroches dans le cadre des relations interpersonnelles. Il est vrai que nous devons définir les termes basiques des relations entre les humains. Autrement, c'est très difficile leur vivre ensemble. Et même si nous définissons les termes des relations, lesquels sont comme des conjonctions de coordination, nous trouverons et rencontrerons toujours quelques êtres humains qui ont un mal fou avec la convivialité, avec la cohabitation. Certains humains marchent avec des œillères. Ils ne voient qu'une chose et rien d'autre. Leur programmation mentale est faite depuis plusieurs décennies. Et il n'est pas question de leur proposer une déprogrammation. Il faut du temps , dans ce cas précis, pour procéder à la déprogrammation de ce qui a été programmé chez ces êtres vivants raisonnables. Il est vrai que le changement de disque dur est indispensable. Certains disques durs chez certains humains sont vétustes et archaïques. Tant que les personnes concernées ne chercheront pas à changer ce qui doit être changé en eux, leurs relations avec les autres seront toujours infernales. Il y a certains mots que nous devons bannir de notre lexique si nous voulons vivre une vie digne d'un être humain. **La christianophobie, l'islamophobie, la judéophobie, l'arabophobie, la xénophobie, l'afrophobie, l'europhobie, la russophobie, l'américanophobie et l'androphobie**. Parmi tous ces mots qui sont savamment construits, un seul attire notre attention : **l'androphobie**. La peur de l'autre. Pour dire simple, il s'agit de la peur de l'homme. Cet homme peut être chrétien, islamiste, juif, arabe, étranger, africain, européen, russe, américain. Très souvent, c'est le groupe d'appartenance qui nous incite à avoir du mal avec d'autres humains que nous côtoyons. C'est la réalité. C'est vraiment triste !

Il y a une certaine catégorisation qui n'a rien de positif. Elle peut détruire lentement tous les fondements de la dignité d'une personne. L'important, pour éviter d'être détruit par une certaine catégorisation moqueuse, c’est d'avoir un regard positif sur le groupe d'appartenance dont nous sommes membres. Nous pouvons appartenir à une religion, à une race, à une ethnie, à un continent, à un pays, mais ce que nous devons retenir et faire valoir, en notre qualité de chef à la tête d'une nation, de chef à la tête d'une religion, de chef à la tête d'un groupe profane ou religieux, de membre d'un corps enseignant d'un pays, c'est le respect de l'homme, de tout homme, de tout l'homme.

Chapitre XV : Nos reconnaissances

J'emploie le pluriel du mot. Et il sert de titre au chapitre concerné. **Pourquoi le pluriel ?** Eh bien, il s'agit de plusieurs manières d'être reconnaissant. Pour parler de reconnaissance, il nous faudra apporter beaucoup de clarifications sur le mot en question. Le mot a plusieurs sens. Il est donc impératif d'en parler selon quelques contextes. Cela permet de comprendre quelque chose. Nous parlons de reconnaissance dans le sens de gratitude. Quelqu'un nous a fait du bien, la première des choses, c'est de lui manifester notre gratitude ou notre reconnaissance.

La reconnaissance d'une bonne action.

Nous devons manifester cette gratitude à nos bienfaiteurs sur terre qui sont notre père et notre mère. Nous devons être reconnaissants à l'égard d'autres êtres humains, car, une fois en passant, ces derniers nous ont rendu un service. Des portes étaient fermées, et grâce aux servis rendus, elles avaient été ouvertes. Donc, il est important de reconnaître ce que quelqu'un a fait pour nous. Quelquefois, le service que certaines personnes nous rendent n'est pas obligatoire. Elles nous le rendent, parce qu'elles veulent accomplir leur devoir de citoyennes à l'égard d'autres citoyens. Elles nous le rendent, parce qu'elles ont une certaine humanité en elles. En un mot, ce sont des gens très humains. Ils supportent difficilement de voir quelqu'un en difficulté, surtout quand ce dernier veut réaliser quelque chose sans pouvoir y parvenir. L'invitation que nous pouvons adresser à tous ceux et à toutes celles qui ont, une fois, bénéficié du soutien d'autrui est la suivante :

« **Ayons du respect et de l'estime à l'égard de celui qui a été là au moment où nous avions besoin d'aide** ».

Si, maintenant, nous savons que la reconnaissance est un comportement que chaque être humain devrait avoir à l'égard d'un autre, nous avons donc à mettre cela en valeur. La reconnaissance devrait faire partie de toutes ces valeurs que nous avons reçues de notre éducation. Il y a de ces valeurs qu'il ne faut pas perdre par négligence. Il y a de ces valeurs dont leur absence se fait sentir au niveau de la société. Il faut être amoureux des valeurs pour s'en rendre compte. Bon nombre de gens passent à côté de ces valeurs. Ils ne les ignorent pas, mais il semble qu'ils les regardent comme des futilités.

La reconnaissance envers Dieu.

Maintenant, en dehors de la reconnaissance entre les humains, il y a une autre qui doit être prise en compte. C'est celle que nous devons avoir envers l'Être Suprême. C'est comme si on se trouvait dans une autre sphère en parlant de reconnaissance de l'être humain à l'égard de l'Omnipotence céleste. Il est vrai qu'il s'agit d'une autre dimension de la vie de l'homme. Il s'agit d'un autre type de relation humaine avec le divin. Il faut donner du poids à cette reconnaissance que nous estimons indispensable pour notre épanouissement personnel. Et si nous sommes épanouis, nous pourrons contaminer les autres de notre entourage avec notre joie et avec notre paix qui nous viendraient du niveau de notre relation avec l'Omniscience céleste. Nous pensons que dire un petit merci chaque jour, une ou deux fois, à Celui en qui nous avons confiance pourrait bien changer notre vie. Les convictions là-dessus sont personnelles. Le niveau de contact avec les réalités célestes varie selon les convictions de chacun. La reconnaissance envers Dieu, chez beaucoup de gens, se traduit par deux expressions très connues, dans l'univers des hommes de prière : Rendre grâce et rendre gloire à une divinité tutélaire. S'il est question de l'Être Suprême, ces deux expressions pèsent plus. Nous rendons grâce à la bienveillance, à la bienfaisance et à la munificence de Celui qui est au-dessus de tout. Nous lui rendons gloire, en orientant notre regard vers sa grandeur, son omnipotence, son omniscience, son omniprésence. En un mot, nous disons qu'il est Grand. Ce serait bon de dire en quoi il est grand et bon. L'expérience de chacun et de chacune avec cette Puissance inouïe et invisible relèvera davantage le niveau de notre reconnaissance. Que la reconnaissance soit notre mot clé au quotidien, au commencement de notre journée et à son déclin.

La reconnaissance envers nous.

Nous admettons nos bonnes actions à l'égard des autres, même si les autres ne les admettent pas. Ici, c'est nous par rapport à nous. Les actions que nous avons accomplies sont accomplies à l'instar de celui qui dit avoir accompli sa mission. Nous n'accomplissons pas cette mission pour nous- mêmes, mais pour les autres. Étant donné que quand les autres font quelque chose pour nous, c'est nous qui leur devons reconnaissance. C'est une question de bon sens. Maintenant, quand c'est nous qui leur faisons du bien, c'est à eux d'être reconnaissants à notre égard. S'ils ne le sont pas, ayons nous-mêmes la fierté à notre propre niveau d'avoir été à la hauteur de la réalisation de quelque chose à l'égard d'autrui. Ne regardons pas nos bonnes actions comme vaines ou anodines. Si elles ne sont pas reconnues par les autres, alors qu'ils en étaient les premiers bénéficiaires, reconnaissons-les et valorisons-les avec humilité.

Apprenons à nous remercier à la place de ceux qui refusent de nous remercier.

Apprenons à nous valoriser à la place de ceux qui refusent de nous valoriser.

Apprenons à sauvegarder notre réputation à la place de ceux qui cherchent à la noircir.

La reconnaissance de nous-mêmes.

Si nous savions nous reconnaître tels que nous sommes, nous serions moins encombrants pour nous-mêmes et ensuite pour les autres. Ce qui est encombrant en nous, c'est ce que nous offrons comme vrai à l'extérieur de nous, alors qu'à l'intérieur de nous, c'est du faux. L'encombrement auquel nous faisons allusion, c'est un poids si lourd que nous trimballons au cours de nos journées sans vouloir en aucun cas nous en débarrasser, parce que notre intériorité n'aurait plus de secrets à camoufler. Dès que nos faux masques tombent pour céder leurs places aux vrais masques, là, nous commençons à vivre. L'option pour la vérité est primordiale dans ce processus de reconnaissance de notre personne. Nous devons faire la vérité sur nous à travers notre mode

de penser, de regarder, de juger, de parler, d'agir et de réagir.

Le réalisme dans les pensées, dans les paroles, dans le regard, dans les actions nous rassure finalement devant les gens et devant nous-mêmes. Ne portons pas de masques qui nous rendent méconnaissables. Ils peuvent nous faire perdre notre visibilité devant les gens.

Chapitre XVI : Nos appartenances

Voyons maintenant avec nos appartenances. Il s'agit là vraiment du verbe appartenir. Il s'agit d'appartenir à qui, à quoi. C'est important d'apporter un éclaircissement. Et c'est ce que nous allons essayer de faire. L'appartenance signifie une relation intime ou non que nous avons avec quelqu'un ou avec quelque chose. En parlant d'appartenance, nous pensons à la religion, à la famille, à la nation et aux continents. Nous pouvons penser aussi à nos ethnies et à nos races. Dans ces contextes-là, l'appartenance doit être prise en considération. Elle doit signifier ce qu'elle est réellement et rien d'autre.

Pas d'exagération !

Pas de fanatisme !

Pas de mépris !

Pas de racisme !

Pas d'arrogance !

Pas d'indifférence !

Alors, si nous devions réfléchir sur chaque type d'appartenance, nous pourrions écrire plusieurs livres. Justement, nous allons aborder quelques appartenances de la manière la plus succincte possible. C'est une réflexion que nous voulons partager à partir d'une expérience personnelle.

Le type de religion

Il hante les esprits de certains humains, aujourd'hui. Nous pourrions dire, selon notre contexte actuel, qu'il y a eu une explosion d'une grosse boîte à idéologies ne concernant que les religions. Cela veut dire tout simplement que beaucoup de gens, aujourd'hui en parlent, à tort ou à raison. Nous nous demandons même si tout ce monde qui parle de religion en parle avec toute l'exactitude qu'il faut. Nous nous rendons compte que beaucoup, avec le peu de formation religieuse qu'ils ont reçu, pensent être à la hauteur de tous les débats. Alors, ils abordent quasiment tous les sujets touchant le volet religieux. La liberté d'expression a atteint son paroxysme. Elle a ses avantages et ses inconvénients. Si elle peut apporter des avantages à l'un, à l'autre, elle va apporter des inconvénients. Ce que l'un regarde comme avantageux peut être désavantageux pour l'autre. Donc, aujourd'hui, chacun, s'il a les moyens, peut s'entourer d'un certain confort possible. Il peut se former selon l'éventail de formations qui s'offre à lui. Et à l'issue de certaines formations, la personne formée ne devrait pas oublier qu'elle ne sait pas tout. La prudence devrait l'accompagner partout. Ceci ne veut pas dire qu'elle n'aura pas à partager, à l'occasion, quelque chose de bénéfique qui émane de sa formation avec quelqu'un d'autre. Le plus important dans tout cela, c'est de faire tout cela avec une certaine logique. Je me rappelle ce que me disait un professeur de philosophie. Je rapporte exactement ce qu'il avait dit : "

« Il ne faut pas inventer les réponses quand vous ne savez pas »

L'idée que je me faisais de la philosophie était très fausse. Je pensais qu'on pouvait dire ce qu'on avait envie de dire. C'est vrai, on doit dire ce qu'on a envie de dire, mais il y a une manière de le dire. Il faut toujours se soucier de la manière de dire ce qu'on a envie de dire. Autrement dit, il faut se soucier de la place que doit occuper la vérité dans ce que nous allons dire. Si ce souci nous manque, il n'est pas évident que nous tombions d'accord avec tout le monde. Le souci de vérité doit occuper la première place. Or, on ne peut pas constater les difficultés qu'on peut rencontrer quand nous avons le souci de vérité, quand nous sommes en face de quelqu'un qui ne partage pas les mêmes idées que nous. Alors là , tout devient difficile. Notre souci de vérité est amoindri, par l'attitude fanatique, méprisante et arrogante de notre interlocuteur. Nous n'appartenons pas à la même religion. C'est une évidence. Et on peut comprendre qu'il puisse y avoir des difficultés dans la manière de nous comprendre l'un l'autre. Il y a une manière de former quelqu'un qui est très dangereuse. On lui donne juste les armes qu'il faut pour se défendre devant n'importe quelle situation. C'est une bonne manière de faire. Mais elle ne suffit pas. Il faut apprendre à celui qui est formé à être respectueux et respectable devant n'importe quel interlocuteur. Le volet religion est très sensible. Il est très délicat. Voilà pourquoi, il ne faut pas aborder des thèmes religieux, juste pour insulter celui qui est à l'autre bout du fil.

Du respect pour ce dernier ! On gagne beaucoup en respectant ses coreligionnaires et même les non-coreligionnaires. Ce n'est pas parce que nous avons été bien formés dans une matière religieuse que nous devenons plus intelligents que tout le monde. Justement, c'est une erreur. Nous avons à regarder du côté de ceux qui étaient à la tête d'une religion pour pouvoir tirer des leçons d'humilité et de simplicité dans nos rapports avec les autres.

Nous, qui ne sommes pas fondateurs de religion, nous appartenons sans doute à des groupuscules religieux. Nous appartenons à un groupe religieux. Faisons-en sorte que notre appartenance soit vraie.

Le type de famille

Nous venons dans ce monde en passant par une famille. C'est cette famille qui nous a accueillis. C'est dans cette famille où nous avons grandi. Elle est porteuse de nombreux de nos souvenirs d'enfance et de notre adolescence. Elle nous a appris à être ce que nous sommes. Voilà quelques phrases très pieuses qui nous donnent une image de la famille souhaitée et souhaitable. Malheureusement, toutes les familles humaines ne présentent pas toujours les mêmes réalités internes et externes. Certaines d'entre elles sont plus heureuses que d'autres. D'autres vivent presque, en permanence, dans les difficultés. Le constat est fait à partir d'un quartier, d'un village, d'une ville, d'un pays, d'un continent.

Les nombreuses couleurs que nous offrent les familles humaines dépendent des heures, des jours, des mois et des années.

Le type de pays natal

C’est le pays où nous sommes nés. Si ce pays était une personne, elle nous dirait qu'elle fut le témoin de notre naissance. C'est pour dire combien notre appartenance à un pays est capitale. Appartenir à un pays en est une chose, mais l'aimer et défendre ses intérêts en est une autre. Il ne suffit pas que nous brandissions partout le drapeau de notre pays, si au fond de nous-mêmes, notre amour pour lui n'est pas vrai. Donc, faisons tout pour l'aimer d'un amour vrai et sincère qui se manifeste à travers notre vie quotidienne, notre parole, notre action et nos sacrifices. Faisons aimer notre pays par ce que nous disons de lui et faisons.

N'oublions pas l'œil extérieur du non natif de notre pays.

Il contrôle nos actions à l'égard de notre pays. Le jugement, lequel sera porté souvent sur notre peuple, sera sans pitié à cause de nos mauvaises actions.

N’oublions pas non plus l'oreille extérieure du non natif de notre pays.

Il écoute pour recueillir nos mots, nos paroles, quelquefois peu agréables à l’égard de notre nation. Là aussi, nous donnons l'occasion à l'autre de nous outrager, de nous critiquer de la mauvaise critique. Cette critique ne fait que du mal, car c'est cela sa finalité. Respectons notre pays et faisons-le respecter. Cela doit être notre slogan. Ne respectons pas uniquement les pays des autres en banalisant le respect que nous devons à notre pays.

Que notre pays soit pauvre, ce n'est pas une raison de s'en moquer éperdument. Si nous nous en moquons, nous donnons l'occasion à des étrangers de s'en moquer malicieusement. Même si notre pays est pauvre, gardons la tête haute. N'oublions pas que nous y avons vu le jour. Si nous aimons notre peuple, lequel est pauvre, nous essayons de le sortir de sa pauvreté.

De quelle pauvreté s'agit-il ?

Il y a une pauvreté que nous pourrions qualifier de fictif. L'autre pauvreté serait sans doute celle qui est créée ou imposée. Si tel est le cas, il est temps que nous bannissions la peur afin de pouvoir faire face à ce mal à la fois externe et interne.

Des voleurs professionnels peuvent nous appauvrir en une journée.

Il leur suffit de nous retirer juste ce qui fait notre raison de vivre. Ils peuvent avoir accès à notre compte bancaire par le moyen d'un papier de valeur qui est tombé de notre poche. Ce sont des situations que nous n'envisageons pas toujours. Mais bien plus grave en ce qui concerne notre pays, ses richesses et autres. Nous devons les considérer comme des biens que nous avons en commun. Tous ces biens en commun appartiennent à tous les natifs du milieu. Du respect, donc, pour nos compatriotes et du bien commun.

Avons-nous remarqué quelque chose au sujet de ces biens ?

Ils sont dans la nature. Les biens communs comme des dons de la nature ne proviennent pas d'un vol. Ils ne proviennent pas de quelqu'un. Ils étaient là avant notre naissance. Nous sommes venus les trouver là où ils sont. Nous en profitons, notre génération, et d'autres aussi. Ne les bradons pas pour un intérêt personnel, égoïste et égocentrique. Les générations futures jugeront négativement les générations d'aujourd'hui, si rien n'est fait, d'avoir été des lâches. Elles n'ont pas réussi à conserver les biens de la nature pour d'autres générations. Heureusement que les générations dites conscientes sont partout presque présentes. Elles sont dans certains pays où elles vivent, luttent avec bravoure et détermination pour leur propre survie et pour celle des générations à venir. Cela peut être appelé une vraie prise de conscience. Une réaction salutaire est indispensable selon les contextes où se trouvent ces générations conscientes.

Pour clore, une invitation à aimer notre pays est primordiale. En l'aimant comme il sied, nous n'avons pas à oublier que d'autres pays existent loin ou proches de nous. Nous devons aimer les autres pays, parce que ce sont des êtres humains qui y vivent. Et nous avons à les secourir en cas de force majeure. L'amour pour notre peuple ne doit pas aller jusqu'au mépris des autres peuples.

La grandeur d'un peuple passe par la bonne gouvernance, l'acquisition de biens bien acquis. Le dépouillement sans vergogne aucune d'une personne pour l'enrichissement d'une autre, d’une nation pour une autre relève de la pure méchanceté et de la malice. Les contre-vérités et les contre-valeurs blessent les plus faibles, les sans défense et les sans-voix d'un peuple. Beaucoup de nations, aujourd'hui, connaissent une grande instabilité presque à tous les niveaux, parce que certaines valeurs ont été remplacées par des contre-valeurs, certaines vérités par des contre-vérités.

Le type d'association

Nous sommes membres de ce groupe. Ce qui fait que nous devenons membres est contenu sans doute dans des chartes. Là, notre appartenance est officielle et non officieuse depuis le jour de notre incorporation à cette association. Le mot association peut avoir plusieurs acceptions. Nous pouvons nous retrouver dans une association de bienfaiteurs ou de malfaiteurs. D'où l'importance du bon choix de l'association. Dans une association, il y a un chef nommé. Il ne s'agit pas d'une association acéphale. Le chef, qui est choisi, est entouré de soutiens qui sont des collaborateurs à sa proximité. Ils constituent ensemble un groupuscule interne à la tête de l'association. En tant que membres d'une telle association, nous avons à être des témoins auriculaires et oculaires du bon ou du mauvais fonctionnement interne ou externe de cette entité. L'association peut avoir ses hauteurs et ses bassesses. La bonne prise de conscience de cette réalité manifeste est indispensable. Dans une association, nous trouverons des personnes sympathiques ou non sympathiques, de faux types ou de bons, de personnes déterminées, dévouées. Ces jugements, ces remarques sont concrétisés au point de départ de notre observation. Mais faisons bien attention à notre manière d'observer. Elle peut contenir du faux ou du vrai. Le faux, s'il s'agit bien de cela, peut détruire une association. Le vrai lui apporte quelque chose de plus.

Conclusion

Tout ce que j'ai écrit à travers les chapitres de ce modeste livre n'est rien, si nous le comparons avec ce que nous réservent et renferment des manuels de théologie, de philosophie, de spiritualité et autres. Ça veut dire tout simplement que c'est une production littéraire simple et personnelle s'appuyant sur mon propre vécu. Elle s'appuie aussi sur l'environnement de l'homme et de la femme. Elle s'appuie sur tout ce qui a attiré mon attention dans le cosmos. Le monde dans lequel nous vivons est grand si nous le regardons avec le regard d'un géographe. Il suffit juste de penser aux distances qui séparent les continents et les pays pour se rendre compte de son étendue. Ce sont des distances vertigineuses. Je touche quelque chose de réel qui autrefois pouvait empêcher la facilitation de l'accès aux grandes connaissances. Aujourd'hui, il n'en est rien de tout cela. Les informations utiles ou inutiles abondent et surabondent dans tous les pays du monde.

Nous pouvons apprendre avec vélocité et avec passion tout ce que nous voulons apprendre. Il suffit de se doter de ce qu'il faut pour apprendre beaucoup de choses de la vie. Mais s'il est possible d'apprendre des choses, il faut être éclectique. La priorisation dans l'apprentissage personnel est indispensable pour nous éviter toutes sortes de dispersion mentale. Alors, ce que j'ai écrit, c'est ce que j'ai vu, observé, entendu, recherché, constaté, vécu. Ce que j'ai écrit, c'est ce que les humains ont vu, observé, entendu, recherché, constaté, vécu. L'important, c'est de savoir dans quel chapitre du livre, nous nous trouvons.

Quel chapitre nous concerne davantage ?

Sommes-nous concernés par tous les chapitres ?

Quand nous saisirons les parties qui nous touchent davantage, il y aura certainement de nouvelles positions à prendre, de nouvelles directions à suivre pour le changement radical à répétition de quelque chose de dégradant, de nauséabond, de repoussant, d'avilissant, de médiocre, de déshonorant à l'intérieur et à l'extérieur de notre vie. Je pense qu'il n'y a pas de honte à regarder la pourriture, la bassesse, la misère criarde qui accompagnent tout l'homme, tout homme. Les masques de certains humains, grands ou petits, doivent tomber pour permettre à la vérité divine de se frayer un chemin dans les cœurs.

Car il faut reconnaître que des cœurs humains fermés existent bel et bien.

D'autres cœurs essaient de s'ouvrir.

D'autres s'ouvrent quand même.

Si tous les cœurs s'ouvraient pour accueillir les vérités célestes et en vivre, nos regards sur les autres, sur le monde connaîtraient une certaine amélioration. Les difficultés humaines ne viennent pas d'en haut, mais d'en bas. Elles viennent des humains. Il ne faut pas regarder en haut pour se trouver un coupable.

Les coupables sont parmi nous.

Les coupables, c'est nous.

Les coupables, c'est vous.

Les coupables, c'est eux.

Essayons d'éradiquer, d'élaguer positivement quelque chose de malhonnête, de malveillant, de provocant , de maléfique, de satanique, d'hypocrite de notre vie de prédicateur, de guide spirituel, de leader politique, d'éducateur, d'homme religieux, de femme religieuse, de journaliste, de fonctionnaire de la société, de laïcs ou laïques. Si chaque personne s'active en vue de ce changement dans son propre territoire, il y aura un éclatement de joie dans tout l'univers. Un homme esseulé ne peut pas changer le monde. Il faut un grand nombre de personnes qui veut de ce changement de mentalité et de comportement. Autrement, tous les efforts déployés par un petit nombre seront presque sans résultat. Nous changerons le monde ensemble en positif, bien entendu. Il nous faut juste des constructeurs et des pacificateurs soucieux du bien-être de tous et de toutes.

Quelques sources d'inspiration

Fratelli Tutti

Une encyclique qu'on peut trouver sur le site du Vatican dans son intégralité. Elle est facile à lire. Elle ne prend pas toute la journée. Mais le plus important, c'est de concentrer son attention sur ces nombreux thèmes qui y sont abordés et de se demander où en sont arrivés les êtres humains qui sont appelés à vivre en frères. En un mot, les êtres humains de tous les continents font-ils vraiment du concret entre eux dans le monde où ils vivent. Vivent-ils avec le souci de donner à la vérité divine la place qu'elle doit prendre dans les rapports entre les enfants d'un même Père ?

Nostra Aetate

L'appartenance à un groupe de croyants est une fierté. Elle donne la possibilité à l'homme de foi de se faire reconnaître et de s'affirmer. Mais cet homme ne doit nullement oublier que d'autres hommes, ses semblables appartiennent à des confessions diverses. Et il leur doit du respect, en tant que des êtres humains ayant leur droit de faire valoir leurs convictions religieuses. Par conséquent, tout discours religieux malpropre et provocateur dirigé à l'endroit des non-coreligionnaires n'honore pas le Père que nous avons en commun.

DICTIONNAIRE DE CITATIONS SÉLECTIONNÉES DANS AVIS, LEÇONS, SENTENCES ET INSTRUCTIONS DE SAINT MARCELLIN CHAMPAGNAT EXPLIQUÉS ET DÉVELOPPÉS PAR UN DE SES PREMIERS DISCIPLES.

Nous trouvons ici des paroles pleines de sagesse et de vérité, lesquelles peuvent donner des ailes à nos désirs les plus profonds. Tous, nous devrions vivre notre vie dans la tranquillité et surtout dans la vérité. Le monde dans lequel nous nous trouvons a besoin d'hommes et de femmes qui cherchent et défendent la vérité.

Une pensée par jour : 365 maximes et pensées morales / recueillies par Mlle Brès.

Tout ce qui est dit de l'éducation est faramineux. À plusieurs reprises, l'éducation est mise en valeur. Il suffit de lire et relire ce qui est dit d'elle pour mieux comprendre ce qu'elle est. La manière de percevoir l'éducation sur ces pages est une richesse.

Postface

Une manière de vivre, si on traduit les deux mots latins, tel est l'intitulé du livre. Un titre comme tel est bien pensé et bien choisi. Je l'ai choisi, parce que je devais penser à moi, à ma personne. J'ai pensé à ma vie. Ce que je cherche à faire comprendre, c'est que ma vie n'a de sens que si je sais opter pour ce qui est meilleur pour moi. Ce qui est meilleur pour moi passe, selon moi, par une manière de vivre. Mais là encore, il ne s'agit pas de n'importe quelle manière de vivre. Il s'agit d'une manière de vivre qui mène quelque part. Non seulement, elle doit me mener quelque part, mais également là où je dois être heureux, comblé et accompli.

Cette manière de vivre passe par le chemin de la vérité, de la droiture, de la confiance, de la détermination, de la patience, de la persévérance, de l'affirmation positive de soi-même, de l'action, de l'humiliation, de l'indifférence, de la persécution, du silence, de la solitude et de la prière.

Tous ces mots que je viens d'énumérer ont une grande signification pour moi. Bien sûr, il y a d'autres mots mélioratifs qui peuvent me permettre de me maintenir dans une certaine hauteur par rapport à ce que je veux faire de ma vie. Le choix de la manière de vivre est une incitation à une prise de conscience de ce qui est important pour ma réalisation. Et tout en voulant me réaliser, je ne dois pas être un obstacle pour celui qui veut aussi se réaliser tout autant que moi.

Frère Alain Bruno Franck N'DIONE CHODATON. Né au Sénégal le 04 /10/ 1970. Bachelier littéraire. Petite expérience quinquennale dans l'enseignement du Français et de l'Espagnol. Père béninois et mère sénégalaise. Fier de ses deux parents. Étudie la théologie avec l'université internationale des dominicains (Domuni). Que Dieu bénisse mes deux formateurs préférés d'antan en théologie et en philosophie dans ma première vie monastique au Sénégal de 1991 à 2001 : Pères Michel Robert + et Guy FRENOD. +

Printed by Books on Demand GmbH, Norderstedt / Germany